Dr. Oetker

Tomaten

vielseitig & delikat zubereiten

Dr. Oetker

Tomaten

vielseitig & delikat zubereiten

CERES

Abkürzungen

EL = Esslöffel
TL = Teelöffel
Msp. = Messerspitze
Pck. = Packung/Päckchen
g = Gramm
kg = Kilogramm
ml = Milliliter
l = Liter
evtl. = eventuell
geh. = gehäuft
gestr. = gestrichen
TK = Tiefkühlprodukt
°C = Grad Celsius
Ø = Durchmesser
E = Eiweiß
F = Fett
Kh = Kohlenhydrate
kcal = Kilokalorien
kJ = Kilojoule

Die Tomate, obwohl ursprünglich eine Frucht der Azteken, ist heute auf der ganzen Welt bekannt und beliebt. So ist sie im Laufe ihrer Karriere auch zu so liebevollen Bezeichnungen wie Paradiesapfel, Paradeiser oder Liebesapfel gekommen. Und ihr Geschmack, besonders wenn sie sonnengereift ist, ist dann auch unvergleichlich gut.

Heute kann man das ganze Jahr über Tomaten kaufen und das in vielfältigen Formen, Sorten und Geschmacksvarianten. Ob Fleischtomaten, Strauchtomaten oder kleine Cocktailtomaten, die Möglichkeiten diese leckeren Früchte zuzubereiten, sind nahezu unbegrenzt. Wir haben Ihnen hier über 60 Rezepte zusammengestellt, damit Sie ausprobieren können, wie vielseitig sich Tomaten zubereiten lassen, ob in Suppen oder Saucen, gefüllt oder überbacken, ob als Salat oder als Snack.

Hinweise zu den Rezepten

Lesen Sie vor der Zubereitung das Rezept einmal vollständig durch. Oft werden Arbeitsabläufe oder -zusammenhänge dann klarer. Die in den Rezepten angegebenen Backtemperaturen und -zeiten sind Richtwerte, die je nach individueller Hitzeleistung des Backofens bzw. Material der verwendeten Formen über- oder unterschritten werden können. Beachten Sie bei Gasherden die Gebrauchsanweisung des Herstellers.

Zubereitungszeiten

Die Zubereitungszeit ist ein Anhaltswert für die Zeit für Vorbereitung und die eigentliche Zubereitung. Längere Wartezeiten wie z. B. Kühl- und Marinierzeiten sind nicht einbezogen.

Inhalt

Tomatensalate & -snacks

Suppen & Saucen

Gefüllte Tomaten

Tomatengerichte

Aus dem Ofen

Ketchup, Mark & Relish

Tomatensalate & -snacks

Gut vorzubereiten – einfach

Tomaten-Schafskäse-Salat (Foto)

Zutaten:
1 kg Tomaten
250 g Schafskäse

Für die Salatsauce:
4 EL Zitronensaft
Salz
frisch gemahlener Pfeffer
getrockneter Oregano
5 EL Olivenöl
4 EL gehackte,
glatte Petersilie

Zubereitungszeit:
20 Minuten,
ohne Durchziehzeit

Pro Portion:
E: 13 g, F: 28 g, Kh: 9 g,
kJ: 1498, kcal: 359

1. Tomaten waschen, abtrocknen, Stängelansätze herausschneiden, Tomaten achteln. Schafskäse in Stücke schneiden oder zerbröckeln. Die beiden Zutaten vorsichtig miteinander vermengen.
2. Für die Salatsauce Zitronensaft mit Salz, Pfeffer und Oregano verrühren. Öl mit Petersilie unterrühren. Die Sauce über Tomaten und Schafskäse geben und etwa 30 Minuten durchziehen lassen.

Tipp Gut schmeckt der Salat, wenn zusätzlich Zwiebelringe von 2 Zwiebeln mit mariniert werden oder wenn er mit schwarzen Oliven garniert wird.

Warmer Zucchini-Tomaten-Salat

1. Zucchini waschen, die Enden abschneiden. Zucchini in dünne Scheiben schneiden, in leicht gesalzenem Wasser 1/2 Minute blanchieren, kurz in kaltes Wasser legen und gut abtropfen lassen.

2. Zucchini salzen, pfeffern, mit Zitronensaft und Öl beträufeln und etwa 15 Minuten durchziehen lassen.

3. Tomaten kurze Zeit in kochendes Wasser legen (nicht kochen lassen), in kaltem Wasser abschrecken, enthäuten, Stängelansätze herausschneiden, Tomaten entkernen und würfeln. Tomaten mit den Zucchini vermengen.

4. Basilikum abspülen, trockentupfen, in Streifen schneiden und über den Salat streuen.

2 Portionen

Zutaten:
400 g zarte, kleine Zucchini
Salz
frisch gemahlener Pfeffer
Saft von 1 Zitrone
5 EL Olivenöl
2 Tomaten
Basilikumblätter

Zubereitungszeit:
25 Minuten

Pro Portion:
E: 2 g, F: 15 g, Kh: 3 g,
kJ: 683, kcal: 163

Preiswert

Tomatenschüssel Gerona (Foto)

Zutaten:
500 g Tomaten
2 große Zwiebeln

Für die Salatsauce:
2 Knoblauchzehen
1 hartgekochtes Ei
2 EL Balsamessig
(Aceto Balsamico)
1 EL Zucker
1/2 TL Senf
Salz
frisch gemahlener Pfeffer
3 EL Salatöl

75 g durchwachsener Speck
2–3 EL gehackte
Basilikumblättchen

Zubereitungszeit:
30 Minuten

Pro Portion:
E: 5 g, F: 23 g, Kh: 9 g
kJ: 1169, kcal: 280

Tipp

Diese Salatschüssel passt gut zu Pizza.

1. Tomaten kurze Zeit in kochendes Wasser legen (nicht kochen lassen), in kaltem Wasser abschrecken. Die Stängelansätze entfernen, die Tomaten in Scheiben schneiden.

2. Zwiebeln abziehen, in sehr dünne Scheiben schneiden, mit den Tomatenscheiben in einer Schüssel anrichten.

3. Für die Salatsauce Knoblauchzehen abziehen, fein würfeln. Das Ei pellen, das Eiweiß in Würfel schneiden, beiseite stellen. Das Eigelb durch ein Sieb streichen. Balsamessig mit Zucker, Senf, Salz und Pfeffer verrühren. Öl unterrühren. Die Knoblauchwürfel und das durchgestrichene Eigelb unterrühren. Die Salatsauce über die Salatzutaten gießen.

4. Speck in kleine Würfel schneiden, knusprig braun braten. Mit dem gehackten Eiweiß zu dem Salat geben. Nach Belieben mit gehackten Basilikumblättchen bestreuen.

Für Gäste

Artischocken-Tomaten-Salat

Zutaten:
4 kleine, spitze Artischocken
Salz
1 Zitrone
1 rote Zwiebel
200 g Cocktailtomaten
150 g Champignonscheiben

Für die Salatsauce:
1 EL Weinessig
1 EL Zitronensaft
frisch gemahlener Pfeffer
1 Prise Zucker
6 EL Olivenöl
15 Basilikumblätter

Zubereitungszeit:
40 Minuten

Pro Portion:
E: 5 g, F: 18 g, Kh: 15 g,
kJ: 1067, kcal: 254

1. Von den Artischocken den Stiel und die Blattspitzen abschneiden und in kaltes Zitronenwasser legen, dann in kochendem Salzwasser in etwa 25 Minuten garen.
2. Zwiebel abziehen, halbieren und in Streifen schneiden. Tomaten waschen und halbieren.
3. Für die Sauce Essig, Zitronensaft, Salz, Pfeffer und Zucker verrühren und das Öl unterschlagen.
4. Artischocken achteln, dabei das Heu entfernen und mit den Tomaten kranzförmig auf vier Tellern anordnen.
5. Champignonscheiben in die Mitte legen und mit Zwiebeln bestreuen. Basilikumblätter abspülen, trockentupfen, in Streifen schneiden und darüber streuen.

Tipp: Mit gerösteten Pinienkernen bestreuen. Dazu die Pinienkerne in einer Pfanne ohne Fett rösten.

Schnell – preiswert

Eier-Tomaten-Salat (Foto)

Zutaten:
6 hartgekochte Eier
3 Fleischtomaten
1 Bund Schnittlauch

Für die Salatsauce:
5 EL Essig
Salz
frisch gemahlener Pfeffer
1 TL Senf
4 EL Olivenöl

Zubereitungszeit:
15 Minuten

Pro Portion:
E: 13 g, F: 22 g, Kh: 3 g,
kJ: 1185, kcal: 283

1. Eier pellen, vierteln. Tomaten waschen, die Stängelansätze herausschneiden, Tomaten in Achtel schneiden.
2. Schnittlauch abspülen, trockentupfen, klein schneiden.
3. Für die Salatsauce Essig mit Salz, Pfeffer, Senf und Öl verrühren, mit den Salatzutaten vermischen.
4. Den Salat etwas durchziehen lassen.

Tipp Statt des Schnittlauchs schmeckt der Salat auch gut mit feingeschnittenen Frühlingszwiebeln oder mit feinen Avocadoscheiben.

Schnell

Korsischer Tomatensalat

1. Tomaten waschen, die Stängelansätze herausschneiden, Tomaten in Scheiben schneiden und auf einer Platte anrichten.

2. Zwiebeln und Knoblauch abziehen und fein würfeln.

3. Zwiebeln und Knoblauch mit Petersilie, Kapern, Oliven und Olivenöl über die Tomatenscheiben geben. Mit Salz und Pfeffer bestreuen.

Zutaten:

800 g Fleischtomaten (etwa 4 Stück)
2 Zwiebeln
4 Knoblauchzehen
1 Bund gehackte, glatte Petersilie
3 EL Kapern
10 schwarze Oliven
4 EL Olivenöl
Salz
frisch gemahlener Pfeffer

Zubereitungszeit:

20 Minuten

Pro Portion:

E: 3 g, F: 14 g, Kh: 8 g, kJ: 748, kcal: 179

Tipp Zusätzlich noch korsischen oder griechischen Schafskäse in Würfel schneiden und zum Schluß über den Salat verteilen und mit Oregano bestreuen. Es können auch Paprikastreifen hinzugefügt werden.

Vegetarisch

Bunter Tomaten-Zucchini-Salat

Zutaten:
1 mittelgroße Zucchini (250 g)
1 grüne Paprikaschote
1 kleine Gemüsezwiebel
1 Knoblauchzehe
4 hart gekochte Eier
etwa 10 grüne Oliven mit Paprikafüllung
6 mittelgroße Tomaten
1 Bund Schnittlauch
Salz, frisch gemahlener schwarzer Pfeffer
Oregano
etwas frischer Dill
3 EL Zitronensaft
1 TL Zucker
6 EL Olivenöl
200 g griechischer Schafskäse

Zubereitungszeit:
20 Minuten

Pro Portion:
E: 19 g, F: 38 g, Kh: 11 g
kJ: 1976, kcal: 473

1. Zucchini waschen, abtrocknen, die Enden abschneiden und die Zucchini in Scheiben schneiden.

2. Paprikaschote halbieren, entstielen, entkernen, die weißen Scheidewände entfernen, die Schote waschen und in Streifen schneiden.

3 Gemüsezwiebel und Knoblauchzehe abziehen. Gemüsezwiebel in feine Scheiben schneiden und die Knoblauchzehe durch die Presse geben.

4 Eier pellen und achteln. Oliven in Scheiben schneiden. Tomaten waschen, Stängelansätze herausschneiden und Tomaten in Spalten schneiden. Schnittlauch waschen und in Röllchen schneiden.

5 Alle Zutaten der Reihe nach in eine Schüssel oder Schale geben. Salz, Pfeffer, Oregano, Dill, Zitronensaft, Zucker und Olivenöl darüber geben.

6 Den Käse zerbröseln und auf dem Salat verteilen.

Schnell

Pitabrot mit Schafskäse und Tomaten

1. Schafskäse in schmale Streifen schneiden, mit Salz, Pfeffer, Thymian und Piment würzen.

2. Cocktailtomaten waschen, trockentupfen und in Scheiben schneiden. Zwiebeln abziehen, in Scheiben schneiden und in Ringe teilen. Joghurt mit Salz, Pfeffer, Knoblauch und Olivenöl verrühren.

3. Pitabrote im Backofen erwärmen, anschließend quer durchschneiden. Je eine Hälfte mit Salatblättern belegen. Schafskäse, Tomatenscheiben und Zwiebelringe daraufgeben. Die Joghurtsauce darüber geben, nach Belieben mit Paprika bestreuen.

Tipp

Dieser Snack lässt sich gut für ein Picknick vorbereiten, zum Transportieren in Klarsichtfolie wickeln.

Zutaten:

300 g Schafskäse
Salz
frisch gemahlener Pfeffer
1/2 TL gerebelter Thymian
1 Prise Pimentpulver
16 Cocktailtomaten
2 Zwiebeln
200 g Joghurt
1/2 TL Salz
1 abgezogene, zerdrückte Knoblauchzehe
1 EL Olivenöl
4 Pitabrote (fertig gekauft)
gewaschene Salatblätter, z.B. Kopfsalat
Paprika, rosenscharf

Zubereitungszeit:

etwa 20 Minuten

Pro Portion:

E: 23 g, F: 21 g, Kh: 47 g, kJ: 2069, kcal: 494

Grüne Tomaten, gebraten

Zutaten:

150 g Frühstücksspeck
8 grüne Tomaten
1 Ei (Größe M)
3 EL Weizenmehl
4 EL Olivenöl
1 Bund Frühlingszwiebeln
Salz
frisch gemahlener Pfeffer

Zubereitungszeit:

30 Minuten

Pro Portion:

E: 8 g, F: 38 g, Kh: 14 g,
kJ: 1896, kcal: 453

Tipp Grüne Tomaten gibt es nur kurze Zeit im Jahr. Sie können statt dessen auch gelbe Tomaten oder Flaschentomaten verwenden. Flaschentomaten haben besonders viel Fruchtfleisch.

1. Das Gitter vom Backofengrill mit Alufolie belegen, hierauf den Frühstücksspeck legen. Unter dem vorgeheizten Grill in 2–3 Minuten knusprig braun grillen und herausnehmen.

2. Tomaten waschen, abtropfen lassen, Stängelansätze herausschneiden, Tomaten in 2 cm dicke Scheiben schneiden und mit Salz und Pfeffer würzen. Zuerst in dem verrührten Ei, dann im Mehl wenden.

3. Öl in einer großen Pfanne erhitzen, Tomatenscheiben bei mittlerer Hitze von beiden Seiten goldbraun braten und auf Tellern anrichten.

4. Frühlingszwiebeln putzen, waschen, in kleine Stücke schneiden, kurz im heißen Bratfett anschwenken und über die Tomaten geben. Mit knusprigen Frühstücksspeckscheiben garniert servieren.

Beilage: Kräftiges Steinofenbrot.

Schnell – einfach

Baguette mit Tomate und Mozzarella

1. Baguette quer aufschneiden und mit etwas Olivenöl beträufeln. Mit je einem Salatblatt belegen.

2. Fleischtomaten abspülen, trockentupfen, Stängelansätze herausschneiden, die Tomaten in Scheiben schneiden. Den Mozzarella ebenfalls in Scheiben schneiden.

3. Tomaten- und Mozzarellascheiben dachziegelartig auf den Salat legen. Basilikum abspülen, trockentupfen, die Blättchen in Streifen schneiden, auf die belegten Baguette streuen.

4. Mit Salz und Pfeffer würzen und mit dem restlichen Olivenöl beträufeln. Den Deckel des Baguettes darauf legen.

Tipp Die Baguettes lassen sich gut zu einem Picknick oder in die Schule mitnehmen. Dann die belegten Baguettes in Klarsichtfolie einwickeln.

Zutaten:

4 Baguettebrötchen
8 EL kaltgepresstes Olivenöl
4 abgespülte Salatblätter
4 Fleischtomaten
250 g Mozzarella
1 Bund Basilikum
Salz
frisch gemahlener Pfeffer

Zubereitungszeit:

15 Minuten

Pro Portion:

E: 19 g, F: 37 g, Kh: 48 g
kJ: 2667, kcal: 638

Für Gäste – raffiniert

Ausgebackene Cocktailtomaten

Zutaten:

20 Cocktailtomaten
40 Basilikumblätter

Für den Teig:
125 g Weizenmehl
Salz
frisch gemahlener Pfeffer
geriebene Muskatnuss
2 Eier (Größe M)
1 EL Speiseöl
8–10 EL kaltes Wasser

Fritierfett

Zubereitungszeit:
25 Minuten

Pro Portion:
E: 9 g, F: 32 g, Kh: 28 g
kJ: 1926, kcal: 460

1. Cocktailtomaten kurze Zeit in kochendes Wasser legen (nicht kochen lassen), in kaltem Wasser abschrecken, enthäuten. Stängelansätze entfernen. Basilikumblätter vorsichtig abspülen, trockentupfen.

2. Für den Teig Mehl in eine Schüssel sieben. Salz, Pfeffer und Muskat hinzufügen, in die Mitte eine Vertiefung eindrücken.

3. Eier mit Speiseöl verschlagen, in die Vertiefung geben. Von der Mitte aus die Eiermasse mit einem Teil des Mehls verrühren. Wasser hinzufügen, alles zu einem dickflüssigen Teig verrühren.

4. Fritierfett in einer Friteuse auf etwa 180 °C erhitzen. Basilikumblättchen und Cocktailtomaten portionsweise mit Hilfe von 2 Gabeln in den Teig tauchen, kurz abtropfen lassen. In 1–2 Minuten in dem Fett ausbacken, auf Küchenpapier abtropfen lassen.

Tipp Die Tomaten vorsichtig durchschneiden, da sie leicht spritzen. Die ausgebackenen Tomaten sofort servieren, dann schmecken sie am besten. Zu Blattsalaten oder zu gegrilltem Fleisch wie Lammkoteletts oder gegrillten Spießen reichen.

Gut vorzubereiten

Chili-Tomaten

(8 Portionen)

Für die Salatsauce:

4 EL Speiseöl
1 EL Weinessig
4–6 Chilischoten
500 g Tomaten
Salz
2 Zwiebeln
1 Bund
Frühlingszwiebeln
(etwa 250 g)

Zubereitungszeit:

30 Minuten,
ohne Durchziehzeit

Pro Portion:

E: 1 g, F: 6 g, Kh: 5 g,
kJ: 349, kcal: 83

1. Für die Salatsauce Speiseöl mit Weinessig verrühren.
2. Chilischoten waschen, abtrocknen, entstielen, längs halbieren, entkernen, Chilischoten grob zerkleinern, in die Essig-Öl-Mischung geben, pürieren und etwa 12 Stunden durchziehen lassen.
3. Tomaten waschen, abtrocknen, halbieren, entkernen, die Stängelansätze entfernen, das Tomatenfleisch in Würfel schneiden und mit Salz würzen.
4. Zwiebeln abziehen, fein würfeln. Frühlingszwiebeln putzen, waschen, in Ringe schneiden.
5. Die Zutaten mit der Chilisauce vermengen und etwas durchziehen lassen.

Tipp

Chili-Tomaten passen gut zu gegrilltem Fisch und Fleisch.

Tipp

Vosicht beim Entkernen der Chilischoten, die sind sehr scharf. Nach dem Vorbereiten der Schoten sollte man sich gründlich die Hände waschen

Suppen & Saucen

Klassich – Schnell

Tomatensuppe mit Reis (6 Portionen)

Zutaten:
100 g Lankornreis
500 ml (1/2 l) kochendes Salzwasser
2 Zwiebeln (80 g)
1 Knoblauchzehe
1 EL Olivenöl
2 Pck. passierte Tomaten (je 500 g)
250 ml (1/4 l) Wasser
1 EL Gemüsebrühe (aus dem Glas)
1 TL gerebelter Oregano
70 g Tomatenmark
Salz
frisch gemahlener Pfeffer
Paprika, edelsüß
Cayennepfeffer
2 EL gehackte Petersilie

Zubereitungszeit:
35 Minuten

Pro Portion:
E: 6 g, F: 5 g, Kh: 32 g
kJ: 868, kcal: 206

Tipp

Hackfleischklößchen in die Suppe geben und 10 Minuten mitgaren.

1. Den Reis in das kochende Salzwasser geben, zum Kochen bringen und in etwa 15 Minuten ausquellen lassen, auf ein Sieb geben.
2. Zwiebeln und Knoblauchzehe abziehen, würfeln und in dem erhitzten Olivenöl andünsten.
3. Die passierten Tomaten, das Wasser (250 ml), die Gemüsebrühe und den Oregano hinzufügen, zum Kochen bringen und etwa 10 Minuten kochen lassen.
4. Das Tomatenmark unterrühren, mit Salz, Pfeffer, Paprika und Cayennepfeffer abschmecken. Den gegarten Reis hinzufügen, und die Suppe mit der Petersilie bestreuen.

Preiswert

Andalusische Tomatencreme

Zutaten:

2 kleine Zwiebeln
80 g durchwachsener Speck
2 EL Speiseöl
1 EL Weizenmehl
1 kg Tomaten
500 ml (1/2 l) Fleischbrühe
Salz, Pfeffer
je 100 g Champignons und
100 g Erbsen (aus der Dose)
2 Eigelb (Größe M)
125 ml (1/8 l) Schlagsahne
etwa 4 EL Sherry Fino
feingehackte Petersilie

Zubereitungszeit:
35 Minuten

Pro Portion:
E: 10 g, F: 27 g, Kh: 11 g,
kJ: 1453, kcal: 348

1. Zwiebeln abziehen, fein würfeln. Speck in feine Würfel schneiden. Öl erhitzen, Zwiebeln und Speck darin andünsten. Mit Mehl bestäuben, kurz erhitzen.

2. Tomaten kurze Zeit in kochendes Wasser legen (nicht kochen lassen), in kaltem Wasser abschrecken, enthäuten, die Stängelansätze herausschneiden, die Tomaten in Würfel schneiden, zu der Zwiebel-Speck-Masse geben, kurz mitdünsten lassen.

3. Brühe hinzugießen, mit Salz und Pfeffer würzen, 10 Minuten kochen lassen.

4. Die Creme durch ein Sieb streichen, wieder erhitzen. Champignons und Erbsen auf einem Sieb abtropfen lassen, in die Suppe geben, kurz miterhitzen.

5. Eigelb und Sahne verschlagen, die Suppe damit abziehen (nicht mehr kochen lassen). Die Suppe mit Sherry abschmecken, mit Petersilie bestreuen.

Klare Tomatensuppe mit Polentarauten

1 Zwiebeln und Knoblauchzehen abziehen, fein hacken. Olivenöl erhitzen, beide Zutaten darin andünsten.

2 Tomaten waschen, die Stängelansätze herausschneiden. Die Tomaten vierteln, in kleine Würfel schneiden, zusammen mit den geschälten Tomaten und dem Tomatensaft aufkochen lassen. Mit Salz und Pfeffer würzen, 30 Minuten schwach kochen lassen, dann abkühlen lassen.

3 Eiweiß in die kalte Suppe geben, gut durchrühren, unter ständigem Rühren aufkochen lassen, die Hitze reduzieren. Die Suppe 2 Minuten ohne Rühren kochen lassen. Einen Durchschlag mit einem Leinentuch auslegen, in einen Topf hängen, die Tomatensuppe durch das Tuch gießen.

4 Tomaten kurze Zeit in kochendes Wasser legen (nicht kochen lassen), in kaltem Wasser abschrecken, enthäuten, die Stängelansätze herausschneiden, die Tomaten vierteln, der Länge nach in Streifen schneiden, vom Basilikum die Blätter abzupfen, abspülen, abtropfen lassen. Die durchgesiebte Suppe erhitzen, mit Salz, Pfeffer abschmecken.

5 Für die Polentarauten Gemüsebrühe mit Milch aufkochen. Maisgrieß einstreuen, etwa 8 Minuten garen lassen, mit Salz und Pfeffer würzen.

6 Schnittlauch abspülen, fein schneiden. Zusammen mit dem Parmesan unterrühren, etwa 1 cm dick auf eine geölte Platte streichen. Erkalten lassen, in Rauten schneiden.

7 Butter oder Margarine in einer Bratpfanne zerlassen, die Rauten darin goldbraun braten, die Polentarauten in die Suppe geben. Die Suppe mit Tomatenstreifen, Basilikumblättchen und Polentarauten als Einlage servieren.

Zutaten:

Für die Tomatensuppe:
2 mittelgroße Zwiebeln
3 Knoblauchzehen
50 ml Olivenöl
1 kg Tomaten
1 Dose (etwa 800 ml) geschälte Tomaten
250 ml (1/4 l) Tomatensaft, Salz
frisch gemahlener Pfeffer
4 Eiweiß (Größe M)
2 mittelgroße Tomaten
1 Topf Basilikum

Für die Polentarauten:
300 ml Gemüsebrühe
50 ml Milch
100 g Maisgrieß
1 Bund Schnittlauch
30 g frisch geriebener Parmesan
40 g Butter oder Margarine

Zubereitungszeit:
etwa 60 Minuten, (ohne Abkühlzeit)

Pro Portion:
E: 15 g, F: 25 g, Kh: 36 g, kJ: 1878, kcal: 449

Schnell – für Kinder

Tomatensuppe Farfalle (Foto)

Zutaten:

100 g Farfalle
(Schmetterlingsnudeln)
1 Dose (800 g)
geschälte Tomaten
200 g Hähnchenbrustfilets
1 Knoblauchzehe
2 EL Speiseöl
75 g magerer Speck
125 ml (1/4 l) Fleischbrühe
1 Becher (150 g) Crème fraîche
Salz, Tabascosauce
einige Basilikumblättchen

Zubereitungszeit:

25 Minuten

Pro Portion:

E: 20 g, F: 35 g, Kh: 23 g,
kJ: 2138, kcal: 510

1. Nudeln bissfest kochen, abtropfen lassen.

2. Tomaten mit Saft pürieren, Püree durch ein Sieb geben. Hähnchenbrustfilets kalt abspülen, trockentupfen und in feine Streifen schneiden. Knoblauch abziehen und fein würfeln.

3. Öl in einem Topf erhitzen, Speck würfeln, darin auslassen und herausnehmen. Knoblauchwürfel im Speckfett andünsten. Hähnchenfiletstreifen dazugeben und kurz anbraten.

4. Tomatenpüree und Brühe dazugießen. Suppe aufkochen und etwa 5 Minuten köcheln lassen.

5. Einen halben Becher Crème fraîche unter die Suppe rühren, nicht mehr kochen lassen. Nudeln in der Suppe erhitzen und mit Salz und Tabascosauce abschmecken. Basilikumblättchen abspülen, trockentupfen, fein hacken und über die Suppe streuen. Suppe mit der restlichen Crème fraîche servieren.

Klassisch

Tomatensuppe, österreichisch

Zutaten:

1 kg Tomaten
2 mittelgroße Zwiebeln
50 g fetter Speck
20 g Margarine
20 g Weizenmehl
2 EL Tomatenmark
750 ml (3/4 l) Gemüsebrühe
Salz
1 Prise Zucker
frisch gemahlener Pfeffer
Paprika edelsüß
gehackte Basilikumblättchen
gehackte Thymianblättchen
Tabascosauce
1 EL gehackte Petersilie
1 Becher (150 g) Crème fraîche

Zubereitungszeit:
35 Minuten

Pro Portion:
E: 5 g, F: 27 g, Kh: 15 g,
kJ: 1422, kcal: 340

1. Tomaten kurze Zeit in kochendes Wasser legen (nicht kochen lassen), in kaltem Wasser abschrecken, enthäuten, Stängelansätze herausschneiden und Tomaten in Würfel schneiden. Zwiebeln abziehen. Zwiebeln und Speck in Würfel schneiden.

2. Margarine zerlassen, Zwiebel- und Speckwürfel darin glasig dünsten. Tomatenwürfel hinzufügen und kurz mitdünsten lassen. Mit Mehl bestäuben, Tomatenmark unterrühren, Brühe hinzugießen, zum Kochen bringen und etwa 10 Minuten kochen lassen.

3. Suppe durch ein Sieb streichen, erhitzen, mit Salz, Zucker, Pfeffer, Paprika, Basilikumblättchen, Thymianblättchen und Tabasco abschmecken. Mit Petersilie bestreuen und mit Crème fraîche anrichten.

Bohnensuppe mit Tomaten

Zutaten:

250 g weiße Bohnen
$1\frac{1}{2}$ l Wasser
1 Stange Porree (Lauch)
8 mittelgroße Tomaten
3 EL Olivenöl
2 EL Tomatenmark
Salz
gerebelter Thymian
gekörnte Brühe
etwa 5 Tropfen Tabascosauce
4 Wiener Würstchen

Zubereitungszeit:

85 Minuten, ohne Einweichzeit

Pro Portion:

E: 34 g, F: 42 g, Kh: 13 g
kJ: 2535, kcal: 606

Tipp

Es können auch Bohnen aus der Dose verwendet werden. Diese müssen nicht mehr eingeweicht werden, sondern nur mit dem Porree 15 Minuten köcheln. Statt mit Wiener Würstchen können auch kleine, gut gewürzte Mettbällchen 10 Minuten miterhitzt werden.

1. Bohnen in Wasser etwa 12 Stunden einweichen. Dann die Bohnen zum Abtropfen auf ein Sieb geben, Einweichflüssigkeit auffangen. Bohnen mit einem Teil der Einweichflüssigkeit zum Kochen bringen und etwa 40 Minuten kochen lassen. Porree putzen, waschen, in Scheiben schneiden, mit in die Suppe geben und noch 15 Minuten garen lassen.

2. Einen Teil der garen Bohnen zerstampfen. Tomaten waschen, kurze Zeit in kochendes Wasser legen (nicht kochen lassen), mit kaltem Wasser abschrecken, enthäuten, Stängelansätze herausschneiden und Tomaten klein schneiden.

3. Öl erhitzen. Tomatenstücke und Tomatenmark hinzugeben und darin andünsten. Die Bohnen mit der Flüssigkeit und dem Rest der Einweichflüssigkeit hinzufügen, zum Kochen bringen und etwa 10 Minuten kochen lassen.

4. Die Suppe mit Salz, Thymian, gekörnter Brühe und Tabascosauce abschmecken. Wiener Würstchen in Scheiben schneiden, hinzufügen und erhitzen.

Raffiniert

Tomatensuppe mit Frutti di Mare

1. Frutti di Mare auftauen lassen.

2. Nudeln in Salzwasser bissfest kochen, auf einem Sieb abtropfen lassen.

3. Fleischtomaten waschen, Stängelansätze herausschneiden, Tomaten in Stücke schneiden.

4. Suppengrün und Frühlingszwiebeln putzen, waschen, kleinschneiden. Beide Zutaten in erhitztem Speiseöl andünsten. Tomatenwürfel hinzufügen, kurz andünsten, mit Salz, Pfeffer und Basilikum würzen.

5. Brühe hinzugießen, 30 Minuten kochen lassen. Die Suppe durch ein Sieb passieren, kräftig abschmecken.

6. Frutti di Mare in kochendem Wasser 2 Minuten blanchieren, abtropfen lassen. Zusammen mit den Nudeln in die Suppe geben, erhitzen.

7. Suppe mit feingeschnittenen Basilikumblättchen servieren.

Zutaten

1 Pck. TK (300 g)
Frutti di Mare
50 g chinesische Mie Nudeln
1 kg Fleischtomaten
1 Bund Suppengrün
3 Frühlingszwiebeln
4 EL Speiseöl
Salz
frisch gemahlener Pfeffer
Basilikum
gut 500 ml ($^{1}/_{2}$ l) Fleisch- oder Gemüsebrühe
Basilikumblätter

Zubereitungszeit:
50 Minuten, ohne Auftauzeit

Pro Portion:
E: 25 g, F: 17 g, Kh: 15 g
kJ: 1604, kcal: 384

Klassisch – gut vorzubereiten

Gazpacho aus Tomaten –

Kalte Tomatensuppe aus Spanien

1. Eine Scheibe des Brotes fein würfeln, das andere Brot in Wasser einweichen.

2. Inzwischen die gewaschenen, enthäuteten und von Stängelansätzen befreiten Tomaten, die gewaschene, entkernte und von weißen Scheidewänden befreite Paprikaschote, die geschälte Gurke und die abgezogenen Schalotten oder Zwiebel fein würfeln.

3. Von der Tomate, Paprika und Gurke jeweils 2 Esslöffel beiseite stellen, das übrige Gemüse in eine Schüssel geben.

4. Öl, Essig und eingeweichtes Brot in einem Mixer oder mit dem Pürierstab pürieren. Dann das übrige Gemüse und die Brühe zufügen und so lange pürieren, bis die Suppe sämig ist.

5. Mit Salz und Pfeffer pikant abschmecken. Dann mindestens 1 Stunde kalt stellen. Vor dem Servieren, je nach Geschmack, einige Eiswürfel in die Suppe geben.

6. Die übrigen Gemüse- und Brotwürfel in kleinen Schalen extra dazu servieren.

Zutaten:

4 Scheiben Weißbrot (vom Tag zuvor)
etwas kaltes Wasser
750 g reife, saftige Tomaten
150 g grüne Paprikaschote
1 kleine Salatgurke (500 g)
2 Schalotten oder 1/2 milde Gemüsezwiebel
100 ml Olivenöl
3 EL Weinessig
375 ml (3/8 l) entfettete Hühner- oder Gemüsebrühe
Salz
frisch gemahlener Pfeffer
evtl. einige Eiswürfel

Zubereitungszeit:

35 Minuten, ohne Kaltstellen

Pro Portion:

E: 8 g, F: 29 g, Kh: 23 g
kJ: 1689, kcal: 404

Mitternachts-Tomatensuppe

6 Portionen

Zutaten:

1 kg Tomaten
6 mittelgroße Zwiebeln
3 Knoblauchzehen
5 EL Olivenöl
1 Dose geschälte Tomaten (800 g)
Salz
frisch gemahlener Pfeffer
Oregano, gerebelt
2 kleine Stangen Porree (Lauch)
4 frische Bratwürste
1 Bund glatte Petersilie
1 Becher (150 g) Schmand oder Crème fraîche

Zubereitungszeit:

35 Minuten

Pro Portion:

E: 34 g, F: 31 g, Kh: 12 g
kJ: 2089, kcal: 499

1. Tomaten waschen, Stängelansätze entfernen. Tomaten in grobe Stücke schneiden. Zwiebeln und Knoblauch abziehen, in grobe Stücke schneiden.

2. Olivenöl in einem großen Topf erhitzen. Zwiebel- und Knoblauchwürfel darin andünsten. Tomatenstücke hinzufügen. Die Tomaten aus der Dose mit der Flüssigkeit hinzufügen, zum Kochen bringen und etwa 30 Minuten kochen lassen, mit Salz, Pfeffer und Oregano würzen.

3. Die Suppe durch ein Sieb streichen und evtl. nochmals abschmecken.

4. Porreestangen putzen, halbieren, sorgfältig waschen, in Streifen schneiden, in die Suppe geben. Die Bratwurstmasse aus der Haut drücken und als kleine Klößchen ebenfalls in die Suppe geben. Alles zusammen noch etwa 10 Minuten garen. Die Suppe kräftig abschmecken.

5. Petersilie waschen, trockentupfen, in Streifen schneiden und in die Suppe geben. In Suppentellern anrichten, je 1 Klecks Schmand oder Créme fraîche daraufgeben.

Tipp

Die Suppe kann auch ohne Schmand in kleinen Portionen eingefroren werden.

Klassisch

Grüne-Bohnen-Tomaten-Eintopf

Zutaten:

500 g Rindfleisch
3 EL Speiseöl
2 mittelgroße Zwiebeln
Salz
frisch gemahlener Pfeffer
125 ml (1/8 l) Fleischbrühe
500 g grüne Bohnen
3 mittelgroße Kartoffeln
6 mittelgroße Tomaten
Oregano

Zubereitungszeit:

85 Minuten

Pro Portion:

E: 32 g, F: 24 g, Kh: 19 g
kJ: 1892, kcal: 451

1. Rindfleisch unter fließendem, kalten Wasser abspülen, trockentupfen, in kleine Würfel schneiden und in erhitztem Öl von allen Seiten anbraten.

2. Zwiebeln abziehen, würfeln und ebenfalls mit anbraten, alles mit Salz und Pfeffer bestreuen. Fleischbrühe hinzufügen, etwa 15 Minuten schmoren lassen.

3. Von den grünen Bohnen die Enden abschneiden, die Bohnen evtl. abfädeln, waschen und in Stücke schneiden. Kartoffeln waschen, schälen, abspülen und in kleine Würfel schneiden.

4. Beide Zutaten zu dem Fleisch geben, umrühren, evtl. etwas Wasser hinzugeben und noch etwa 45 Minuten garen.

5. Tomaten kurze Zeit in kochendes Wasser legen (nicht kochen lassen), mit kaltem Wasser abschrecken, enthäuten, Stängelansätze herausschneiden und Tomaten vierteln.

6. Die Tomaten 10 Minuten vor Beendigung der Garzeit zu dem Eintopf geben und mit Salz, Pfeffer und Oregano gut würzen.

Schnell

Tomaten-Pfeffer-Sauce

1. Tomaten kurze Zeit in kochendes Wasser legen (nicht kochen lassen), in kaltem Wasser abschrecken, enthäuten, Stängelansätze entfernen und Tomaten in Würfel schneiden.

2. Tomatenwürfel mit Ketchup und Pfefferkörnern mischen. Öl unterrühren.

3. Mit Meerrettich und Salz würzen und Kerbelblättchen unterrühren.

Tipp

Diese Sauce passt zu gegrilltem Fleisch und gebackenem Geflügel.

Zutaten:

10 EL Tomatenwürfel
(etwa 3 Tomaten)
2 EL Tomatenketchup
1 TL grüne Pfefferkörner
2 EL Olivenöl
1/2 TL geriebener
Meerrettich
Salz
1 TL Kerbelblättchen

Zubereitungszeit:
10 Minuten

Pro Portion:
E: 1 g, F: 6 g, Kh: 3 g,
kJ: 307, kcal: 73

Gut vorzubereiten

Marseiller Tomatensauce

Zutaten:
1 kg Tomaten
1 Knoblauchzehe
125 ml (1/8 l) Olivenöl
Salz, Pfeffer, Zucker
Zitronensaft
Kräuter der Provence

Zubereitungszeit:
45 Minuten

Pro Portion:
E: 3 g, F: 32 g, Kh: 8 g,
kJ: 1426, kcal: 341

1. Tomaten kurze Zeit in kochendes Wasser legen (nicht kochen lassen), in kaltem Wasser abschrecken, enthäuten, die Stängelansätze herausschneiden, die Tomaten halbieren, entkernen und in Würfel schneiden. Knoblauch abziehen und zerdrücken.

2. Öl erhitzen, Tomatenwürfel und Knoblauch hinzufügen, mit Salz, Pfeffer und Zucker würzen und etwa 25 Minuten dünsten lassen, bis eine dickliche Sauce entstanden ist.

3. Mit Salz, Pfeffer, Zucker, Zitronensaft und Kräutern der Provence abschmecken.

Raffiniert

Tomatensauce auf provenzalische Art

1. Tomaten kurze Zeit in kochendes Wasser legen (nicht kochen lassen), in kaltem Wasser abschrecken, enthäuten, Stängelansätze herausschneiden, Tomaten vierteln und entkernen. Knoblauch abziehen und zerdrücken.

2. Öl erhitzen, Tomatenviertel und Knoblauch darin andünsten. Zucker und Kräuter der Provence hinzufügen und zugedeckt 15 Minuten dünsten lassen. Sauce mit einem Pürierstab pürieren.

3. Sauce mit Salz, Pfeffer, Zitronensaft und Zucker würzen. Kräuter unterrühren.

Zutaten:

1 kg Tomaten
1 Knoblauchzehe
125 ml ($^1/_8$ l) Olivenöl
$^1/_2$ TL Zucker
2 TL Kräuter der Provence
Salz
frisch gemahlener Pfeffer
Zitronensaft
1 Prise Zucker
1 EL fein gehacktes Basilikum
1 EL fein gehackte Petersilie

Zubereitungszeit:

45 Minuten

Pro Portion:

E: 3 g, F: 32 g, Kh: 8 g,
kJ: 1437, kcal: 344

Tipp

Zu gegrilltem oder gedünstetem Fisch oder zu Fleischspießen reichen.

Schnell

Tomaten-Zwiebel-Sauce

Zutaten:

4–5 Zwiebeln (etwa 250 g)
2 Knoblauchzehen
500 g Tomaten
3 EL Speiseöl
4 EL Rotwein
70 g Tomatenmark
1 EL gehackte Majoranblättchen
1 EL Schnittlauchröllchen

Zubereitungszeit:

25 Minuten

Pro Portion:

E: 3 g, F: 9 g, Kh: 9 g, kJ: 599, kcal: 143

1. Zwiebeln und Knoblauch abziehen und in Scheiben schneiden. Tomaten kurze Zeit in kochendes Wasser legen (nicht kochen lassen), in kaltem Wasser abschrecken, enthäuten, Stängelansätze entfernen und Tomaten in Würfel schneiden.

2. Öl erhitzen, Zwiebel- und Knoblauchscheiben darin andünsten. Tomatenwürfel, Wein, Tomatenmark, Majoranblättchen und Schnittlauch hinzufügen, gut verrühren und 10–15 Minuten dünsten lassen.

Tipp

Tomaten-Zwiebel-Sauce zu gedünstetem Fisch mit Reis reichen.

Gefüllte Tomaten

Tomaten mit Champignonfüllung

Gefüllte Tomaten

Zutaten:
12 mittelgroße Tomaten
Salz
frisch gemahlener Pfeffer

Für die Füllung:
1 große Zwiebel
600 g Champignons
3 EL Speiseöl
1 EL Weizenmehl
2 EL gehackte, glatte Petersilie
2 EL zerbröckeltes Weißbrot
2 EL geriebener Parmesankäse
60 g Butter

Zubereitungszeit:
40 Minuten

Pro Portion:
E: 8 g, F: 24 g, Kh: 12 g
kJ: 1298, kcal: 310

1. Die Tomaten waschen, abtrocknen, jeweils einen Deckel abschneiden und das Innere aushöhlen. Die Tomaten mit der Öffnung nach oben in eine gefettete, flache, feuerfeste Form setzen. Innen mit Salz und Pfeffer würzen.
2. Für die Füllung Zwiebel abziehen und fein würfeln. Die Champignons putzen, evtl. abspülen, trockentupfen, in Scheiben schneiden, evtl. nochmals durchschneiden. Öl erhitzen und die Zwiebelwürfel darin glasig dünsten.
3. Die Champignons zu den Zwiebelwürfeln geben. Unter Rühren mitdünsten lassen.
4. Mehl darüber stäuben, unterrühren und dünsten lassen. Mit Salz, Pfeffer und Petersilie würzen. Das Innere der Tomaten hinzufügen.
5. Die Pilzmasse in die ausgehöhlten Tomaten füllen.
6. Weißbrot und Parmesankäse vermischen und über die Tomaten streuen. Butter in Flöckchen darauf setzen und die Deckel auflegen.
7. Die Form auf dem Rost in den Backofen schieben und die Tomaten überbacken.

Ober-/Unterhitze: etwa 200 °C (vorgeheizt)
Heißluft: etwa 180 °C (vorgeheizt)
Gas: etwa Stufe 4 (vorgeheizt)
Backzeit: etwa 20 Minuten.

Tipp
Dazu frischen Feldsalat und Baguette servieren.

Cocktailtomaten, gefüllt

Gefüllte Tomaten

Zutaten:

Für das Dressing
4 EL Balsamessig
(Aceto Balsamico)
Salz
1 Prise Zucker
frisch gemahlener Pfeffer
2 Schalotten
2 Knoblauchzehen
5 EL Olivenöl

24 Cocktailtomaten
200 g Ziegenfrischkäse
1 Bund Basilikum

Zubereitungszeit:
etwa 40 Minuten

Pro Portion:
E: 12 g, F: 26 g, Kh: 14 g,
kJ: 1426, kcal: 341

1. Für das Dressing Balsamessig, Salz, Zucker und Pfeffer gut verrühren. Schalotten und Knoblauch abziehen, fein hacken, in die Essigmischung geben, Öl unterschlagen.

2. Von den Cocktailtomaten Stängel abzupfen, Tomaten waschen, abtropfen lassen, das obere Drittel abschneiden. Kerne vorsichtig entfernen. Die Deckel fein würfeln und zum Dressing geben. Tomaten mit Ziegenfrischkäse füllen, auf eine Servierplatte legen.

3. Basilikum waschen, gut abtropfen lassen, Blättchen fein zerschneiden. Das Dressing über die Tomaten träufeln und mit Basilikumblättchen bestreut servieren.

Tipp

Dieses Rezept eignet sich gut für ein kaltes Buffet oder für ein Picknick. Evtl. kleine Paprikawürfel unter die Füllung mischen.

Gefüllte Tomaten mit Meerrettichquark

Zutaten:

4 mittelgroße Tomaten
Salz
frisch gemahlener Pfeffer
100 g feine Fleischwurst
5 Walnusskerne
1 kleiner Apfel
2–3 EL Kapern
200 g Meerrettichquark
gewaschene Salatblätter

Zubereitungszeit:

20 Minuten

Pro Portion:

E: 11 g, F: 15 g, Kh: 7 g,
kJ: 942, kcal: 225

1. Tomaten waschen, trockentupfen, jeweils einen Deckel abschneiden. Tomaten aushöhlen und innen mit Salz und Pfeffer ausstreuen.

2. Fleischwurst enthäuten und in kleine Würfel schneiden. Walnusskerne grob hacken. Apfel schälen, halbieren, entkernen und grob raspeln. Kapern abtropfen lassen.

3. Die Zutaten mit Kapern und Quark verrühren, in die Tomaten füllen und die Deckel aufsetzen. Die Tomaten auf Salatblättern anrichten.

Beilage: Roggenbrot, Butter.

Tipp

Statt Fleischwurst und Meerrettichquark kann auch fertig gekaufter Fleischsalat genommen werden, mit einem gewürfelten Apfel und Kapern angereichert.

Schnell

Tomaten, gefüllt mit Thunfisch

1. Tomaten waschen, abtrocknen, jeweils einen Deckel abschneiden. Die Tomaten mit einem Teelöffel aushöhlen, innen salzen und mit der Schnittfläche nach unten mindestens 15 Minuten zum Abtropfen auf ein sauberes Küchentuch oder Küchenkrepp setzen.

2. Paprika halbieren, entstielen, entkernen, die weißen Scheidewände entfernen, Schote waschen und in sehr feine Würfel schneiden. Öl in einer Pfanne erhitzen und die Paprikawürfel darin glasig dünsten.

3. Von der Kochstelle nehmen, erkalten lassen und mit dem zerpflückten Thunfisch und den gut abgetropften und halbierten Oliven in einer Schüssel vorsichtig vermischen.

4. Essig mit Senf und Petersilie verrühren, mit Zitronensaft, Salz, Pfeffer und Zucker würzen, mit Öl verrühren und mit der Füllung mischen. Im Kühlschrank eine halbe Stunde durchziehen lassen und erst dann in die Tomaten füllen.

Zutaten:

4 feste Fleischtomaten
1 grüne Paprikaschote
1–2 EL Olivenöl
250 g Thunfisch in Öl
1 kleines Glas (etwa 125 g) gefüllte Oliven
2 EL Weinessig
1 EL mittelscharfer Senf
2 EL gehackte Petersilie
einige Tropfen Zitronensaft
Salz
frisch gemahlener Pfeffer
1 Prise Zucker
2 EL Olivenöl

Zubereitungszeit:

30 Minuten, ohne Abtropf- und Kühlzeit

Pro Portion:

E: 12 g, F: 43 g, Kh: 4 g, kJ: 1901, kcal: 454

Italienische Tomaten

(12 Stück)

Zutaten:
12 kleine Tomaten
Salz
frisch gemahlener,
weißer Pfeffer

Für die Füllung:
2 Pck. (je 125 g)
Mozzarella
4 EL Basilikumstreifen
5 EL Mozzarella-Molke
8 EL kaltgepresstes Olivenöl
6 EL Balsamessig
(Aceto Balsamico)
Basilikumblättchen

Zubereitungszeit:
40 Minuten,
ohne Durchziehzeit

Pro Portion:
E: 8 g, F: 15 g, Kh: 3 g,
kJ: 790, kcal: 189

1. Tomaten waschen, abtrocknen, Deckel abschneiden, das Innere aushöhlen. Die Tomaten innen mit Salz und Pfeffer ausstreuen.

2. Für die Füllung Mozzarella abtropfen lassen, dabei die Molke auffangen, Mozzarella in kleine Würfel schneiden und mit Basilikumstreifen vermengen.

3. Molke mit Öl und Essig verrühren, mit Salz und Pfeffer würzen.

4. Die Marinade über die Füllung geben, etwas darin durchziehen lassen, in die Tomaten füllen, mit Basilikumblättchen garnieren.

Beilage: Fladenbrot.

Tipp
In die Marinade 1 abgezogene, durchgepresste Knoblauchzehe geben.

Tipp
Evtl. nur 1 Päckchen Mozzarella verwenden, dafür zusätzlich kleingeschnittete Frühlingszwiebeln dazugeben. Besser als Mozzarella aus Kuhmilch schmeckt Büffel-Mozzarella.

Tomatengerichte

Schafskäse mit Tomaten

8 Portionen

Zutaten:
500 g Schafskäse
1 Fleischtomate
2 EL gehackte Kräuter, z. B. glatte Petersilie, Basilikum
Salz
frisch gemahlener Pfeffer
gerebelter Oregano
2 EL Olivenöl
1 Knoblauchzehe
1 kleine Dose Tomaten (400 g)
gerebeltes Basilikum
Paprika edelsüß

Zubereitungszeit:
30 Minuten

Pro Portion:
E: 23 g, F: 31 g, Kh: 6 g
kJ: 1745, kcal: 417

1. Schafskäse mit einer Gabel fein zerbröseln. Fleischtomate enthäuten, Stängelansatz herausschneiden und Tomate in feine Würfel schneiden.

2. Unter die Hälfte der Schafskäsemasse Tomatenwürfel und Kräuter geben, mit Salz, Pfeffer und Oregano abschmecken.

3. Öl erhitzen. Knoblauch abziehen, fein hacken und kurz darin andünsten. Tomaten abtropfen lassen, Tomaten hinzufügen, mit Salz, Pfeffer und Oregano würzen, Tomaten etwas zerdrücken und einkochen lassen.

4. Abkühlen lassen, mit dem restlichen Schafskäse vermischen. Mit Basilikum und Paprika abschmecken.

Tomatenreis mit Auberginen

Zutaten:
1 Aubergine, 1 EL Salz
6 EL Olivenöl, 1 TL Salz
2 abgezogene Knoblauchzehen
1 Zwiebel
1 Stange Porree (Lauch)
4–5 Tomaten
2 EL Tomatenmark
400 g gekochter Reis
Salz, Pfeffer
1 TL gerebelter Thymian
1/2 Bund Petersilie

Zubereitungszeit:
30 Minuten

Pro Portion:
E: 10 g, F: 18 g, Kh: 87 g, kJ: 2287, kcal: 545

1. Aubergine waschen, Stängelansatz abschneiden, Aubergine in Würfel schneiden, mit Salz bestreuen und mindestens 10–15 Minuten ziehen lassen. Anschließend unter fließendem kalten Wasser abspülen und gut abtropfen lassen.
2. Öl in einem Topf erhitzen und die mit Salz zerriebenen Knoblauchzehen darin andünsten. Auberginenwürfel dazugeben.
3. Zwiebel abziehen und in feine Würfel schneiden. Porree putzen, längs halbieren, waschen, in Streifen schneiden, mit Zwiebelwürfeln zu der Aubergine geben und kurz mitbraten.
4. Tomaten enthäuten und Stängelansätze herausschneiden. Tomaten entkernen, in feine Würfel schneiden, zu dem Gemüse geben und kurz mitdünsten.
5. Tomatenmark unterrühren und Reis unterheben. Mit Salz, Pfeffer und Thymian kräftig würzen und 4–5 Minuten erhitzen.
6. Tomatenreis abschmecken, mit abgespülter, fein gehackter Petersilie bestreut servieren.

Einfach

Gnocchi mit Tomatensauce

1. Zwiebel und Knoblauch abziehen, würfeln, in dem Öl andünsten.
2. Tomaten klein schneiden, mit dem Saft und Rotwein hinzufügen und so lange kochen lassen, bis die Sauce etwas sämig ist.
3. Gnocchi nach Packungsaufschrift in reichlich Salzwasser garen, auf ein Sieb geben.
4. Sauce mit Pfeffer und der Gewürzmischung abschmecken, die Sauce zu den Gnocchi servieren.

Zutaten:
1 Zwiebel
1 Knoblauchzehe
1–2 EL Olivenöl
1 Dose (800 ml) geschälte Tomaten
100 ml trockener Rotwein
2 Pck. (à 250 g) Gnocchi (aus dem Kühlregal)
frisch gemahlener Pfeffer
Gewürzmischung italienische Art für Tomatensauce

Zubereitungszeit:
35 Minuten

Pro Portion:
E: 5 g, F: 7 g, Kh: 20 g
kJ: 789, kcal: 188

Tipp

Einige schwarze Oliven in Scheiben schneiden und kurz vor dem Servieren unter die Sauce rühren. Dazu schmeckt ein frischer Salat aus Lollo Rosso, Friséesalat, roten Zwiebelringen, Paprikastreifen, Schafskäsewürfeln (aus dem Glas) und einer Essig-Öl-Vinaigrette. Auch super als Vorspeise.

Gemüse-Piccata mit Tomatensauce

Zutaten:
Für die Gemüse-Piccata:
1 Knollensellerie (300 g)
1 Rote Bete (250 g)
1 Kohlrabi (250 g)
3 Eier (Größe M)
100 g geriebener Parmesan
Salz
frisch gemahlener Pfeffer
60 g Weizenmehl
4 EL Speiseöl

Für die Tomatensauce:
3 Fleischtomaten
1 kleine Zwiebel
1 Knoblauchzehe
3 EL Olivenöl
1 TL grüne Pfefferkörner
gerebelter Thymian

Zubereitungszeit:
50 Minuten

Pro Portion:
E: 19 g, F: 33 g, Kh: 23 g, kJ: 2046, kcal: 489

1. Für die Gemüse-Piccata Sellerie, Rote Bete und Kohlrabi waschen, schälen, in ½ cm dicke Scheiben schneiden, in kochendem Salzwasser 5–10 Minuten, je nach Gemüsesorte, blanchieren und zum Abtropfen auf ein Sieb geben.

2. Eier mit Parmesan verquirlen. Gemüsescheiben mit Salz und Pfeffer würzen, in Mehl wenden und durch das Käse-Eier-Gemisch ziehen.

3. Öl in einer Pfanne erhitzen und die Scheiben darin langsam etwa 10 Minuten braten.

4. Für die Tomatensauce Tomaten kurze Zeit in kochendes Wasser legen (nicht kochen lassen), in kaltem Wasser abschrecken, enthäuten, die Stängelansätze entfernen, die Tomaten entkernen und in kleine Würfel schneiden.

5. Zwiebel und Knoblauch abziehen und fein würfeln.

6. Olivenöl erhitzen, die Zwiebel- und Knoblauchwürfel darin andünsten, Tomatenwürfel unterheben, mit Salz, Pfeffer, Pfefferkörnern und Thymian würzen, aufkochen lassen und zu der gebratenen Gemüse-Piccata reichen.

Einfach

Buttertomaten mit Avocados

1. Schalotten und Knoblauch abziehen, sehr fein würfeln.

2. Tomaten kurze Zeit in kochendes Wasser legen (nicht kochen lassen), in kaltem Wasser abschrecken, enthäuten und die Stängelansätze herausschneiden. Die Tomaten entkernen und in 1–2 cm große Stücke schneiden.

3. Butter zerlassen. Schalottenwürfel mit Knoblauch darin andünsten. Tomatenstücke zugeben, mit Salz und Pfeffer würzen und bei kleiner Hitze 3–4 Minuten ziehen lassen.

4. Inzwischen Avocados halbieren, Steine herausheben, Hälften schälen und in kleine Würfel schneiden. Zu den Tomaten geben, erwärmen, abschmecken. Mit Basilikumblättern anrichten.

Zutaten:

2 Schalotten
1 Knoblauchzehe
1 kg Fleischtomaten
60 g Butter
Salz
frisch gemahlener Pfeffer
2 kleine reife Avocados
4–5 Basilikumblätter

Zubereitungszeit:

25 Minuten

Pro Portion:

E: 4 g, F: 28 g, Kh: 12 g
kJ: 1387, kcal: 332

Tipp

Die Avocados sollen reif und weich sein, am besten schmecken sie gut gekühlt. Da Avocados schnell braun werden, das Fruchtfleisch mit etwas Zitronensaft beträufeln.

Schnell – für Kinder

Blumenkohl mit Tomaten, gedünstet

Zutaten:
1 Zwiebel
1 Knoblauchzehe
4 Tomaten (etwa 400 g)
40 g Butter
20 g Tomatenmark
800 g Blumenkohl
125 ml (1/8 l) Gemüsebrühe
Salz, Pfeffer
gemahlener Koriander
200 g magerer, gekochter Schinken
1 EL gehackte Petersilie

Zubereitungszeit:
35 Minuten

Pro Portion:
E: 16 g, F: 15 g, Kh: 8 g, kJ: 1042, kcal: 249

1. Zwiebel und Knoblauchzehe abziehen, würfeln.

2. Tomaten kurze Zeit in kochendes Wasser legen (nicht kochen lassen), in kaltem Wasser abschrecken, enthäuten, die Stängelansätze herausschneiden, die Tomaten entkernen, in Würfel schneiden.

3. Butter zerlassen, Zwiebel- und Knoblauchwürfel darin andünsten, Tomatenwürfel und Tomatenmark hinzufügen, kurz dünsten lassen.

4. Blumenkohl putzen, in kleine Röschen teilen, den Strunk in Streifen schneiden. Blumenkohlröschen und Strunkstreifen waschen, abtropfen lassen, mit der Gemüsebrühe zu den Tomatenwürfeln geben, mit Salz, Pfeffer, Koriander würzen und im geschlossenen Topf 10–15 Minuten dünsten lassen.

5. Schinken in Streifen schneiden, mit Petersilie zu dem Gemüse geben, kurz erhitzen, nochmals abschmecken.

Porree (Lauch) in Tomatensauce

1. Porree von Wurzel und welken Blattenden befreien, seitlich aufschneiden, unter fließendem kalten Wasser abspülen, in schräge, etwa 5 cm lange Stücke schneiden.

2. Olivenöl in einer Pfanne erhitzen, Porree kräftig anbraten, Tomaten hinzufügen, mit Thymian, Honig, Salz und Pfeffer würzen, bei kleiner Hitze etwa 15 Minuten dünsten, bis der Porree gar ist, aber noch Biss hat.

3. Sesamsamen in einer Pfanne leicht anrösten, über das Gemüse streuen.

Zutaten:
1 kg Porree (Lauch)
3 EL Olivenöl
500 g passierte Tomaten
1 TL Thymian
1 TL Honig
Salz
frisch gemahlener Pfeffer
2 EL Sesamsamen

Zubereitungszeit:
35 Minuten

Pro Portion:
E: 6 g, F: 13 g, Kh: 11 g
kJ: 789, kcal: 188

Tipp
Heiß als Beilage oder lauwarm als Vorspeise servieren.

Schnell

Spaghetti mit Tomatengemüse

Tipp

Für Kinder den Weißwein weglassen.

1 Tomaten kurze Zeit in kochendes Wasser legen (nicht kochen lassen), in kaltem Wasser abschrecken, enthäuten, die Stängelansätze herausschneiden, die Tomaten in Stücke schneiden.

2 Schalotten abziehen, fein schneiden. Olivennöl erhitzen, die Schalottenwürfel hinzugeben, glasig dünsten, die Tomatenwürfel dazugeben. Kurz mit andünsten, mit Salz, Pfeffer und Majoran würzen. Gut die Hälfte der Tomaten-Zwiebel-Masse zur Seite stellen, und warm halten.

3 Gemüsebrühe zu den restlichen Tomaten geben, einkochen lassen, bis die Sauce leicht cremig ist. Frischkäse mit Kräutern unter die Sauce geben, rühren, bis alles geschmolzen ist. Weißwein unterrühren.

4 In der Zwischenzeit Spaghetti in Salzwasser nach Packungsanleitung garen, auf ein Sieb geben.

5 Die Basilikumblätter von den Stängeln zupfen, abspülen, trockentupfen, klein schneiden. Mit der übrig gebliebenen Zwiebel-Tomaten-Masse mischen, über die Spaghetti geben.

6 Vom Parmesan mit einem Hobel Späne abhobeln. Die Spaghetti als Nudelnester auf die Teller setzen, mit den Tomatenstückchen, Basilikumblättchen und den Parmesanspänen servieren.

Zutaten:
400 g Tomaten
2 Schalotten
3 EL Olivenöl
Salz
frisch gemahlener Pfeffer
gerebelter Majoran
125 ml (1/8 l)
Gemüsebrühe
2 Becher (je 150 g)
Frischkäse mit Kräutern
2 EL Weißwein
400 g Spaghetti
Salzwasser
1 Topf Basilikum
50 g Parmesankäse im Stück

Zubereitungszeit:
etwa 30 Minuten

Pro Portion:
E: 27 g, F: 23 g, Kh: 76 g, kJ: 2745, kcal: 655

Vegetarisch

Rigatoni mit Tomaten-Soja-Sauce

2 Portionen

Zutaten:
200 g Rigatoni
2,5 l kochendes Salzwasser
1 EL Speiseöl

Für die Sauce:
50 g Sojagranulat
1 mittelgroße Zwiebel
2 EL kaltgepresstes Speiseöl
1–2 abgezogene, gehackte Knoblauchzehen
etwas Wasser
1 Zweig Thymian
7 enthäutete, geviertelte Tomaten oder 400 g abgetropfte, geschälte Tomaten (aus der Dose)
Salz
frisch gemahlener Pfeffer
1/2 TL Apfelsaftkonzentrat (aus dem Reformhaus)
5 EL Schlagsahne

Zubereitungszeit:
35 Minuten

Pro Portion:
E: 22 g, F: 33 g, Kh: 81 g, kJ: 3135, kcal: 749

1. Nudeln in Salzwasser geben und Öl hinzufügen. Nudeln nach Packungsaufschrift garen, auf ein Sieb geben, abtropfen lassen und warm stellen.
2. Für die Sauce Sojagranulat nach Packungsaufschrift in Wasser einweichen. Zwiebel abziehen und fein würfeln.
3. Öl erhitzen, Zwiebel mit dem gut ausgedrückten Sojagranulat darin andünsten, Knoblauch dazugeben, etwas Wasser hinzugießen, zum Kochen bringen und zugedeckt 15–20 Minuten dünsten lassen.
4. Thymian abspülen, mit den Tomaten zu dem Sojagranulat geben, etwa 5 Minuten mitdünsten lassen.
5. Mit Salz, Pfeffer und Apfelsaftkonzentrat würzen. Sahne unterrühren. Sauce auf die Nudeln geben.

Tipp

Sojagranulat setzt sich leicht am Pfannenboden fest, deshalb öfter umrühren. Es kann auch zusätzlich geriebener Parmesan darüber gestreut werden. Dazu passt ein gemischter Salat, z.B. Lollo Rosso, Lollo Bianco in einer Vinaigrette angemacht und mit Sojasprossen bestreut.

Gut vorzubereiten – für Gäste

Pikante Fisch-Tomaten-Spieße

1. Für die Marinade Speiseöl mit Zitronensaft, Senf, Tabasco oder Worcestersauce, Salz, Pfeffer und Paprika verrühren, Dill unterrühren.

2. Für die Spieße Lachs- und Kabeljaufilet unter fließendem kalten Wasser abspülen, trockentupfen, in gleichmäßige große Stücke schneiden.

3. Scampi aus der Schale lösen, längs einschneiden, Darm entfernen, Scampi kurz abspülen, trockentupfen. Lachs- und Kabeljauwürfel und Scampi in die Marinade geben, etwa 30 Minuten durchziehen lassen, dabei ab und zu wenden.

4. Fischwürfel und Scampi aus der Marinade herausnehmen, abtropfen lassen.

5. Cocktailtomaten waschen, abtrocknen. Salatgurke waschen, abtrocknen, in etwa $1/2$ cm dicke Scheiben schneiden. Die fünf Zutaten abwechselnd auf 4–6 Spieße stecken.

6. Margarine oder Öl erhitzen, die Spieße von allen Seiten darin bei mittlerer Hitze etwa 10 Minuten braten. Mit Salz und Pfeffer würzen, mit Zitronenachteln servieren.

Tipp

Dazu passt Fladenbrot oder Baguette und ein Salat aus frischen Tomaten.

4–6 Portionen

Zutaten:

Für die Marinade:
3 EL Speiseöl
Saft von 1 Zitrone
1 TL Senf, Tabasco oder Worcestersauce
Salz, frisch gemahlener weißer Pfeffer
Paprika edelsüß
1–2 TL fein gehackter Dill

Für die Spieße:
300 g Lachsfilet
200 g Kabeljaufilet
200 g große Scampi
12 Cocktailtomaten
1/4 Salatgurke (etwa 200 g)

60 g Margarine oder
4 EL Speiseöl
Zitronenachtel

Zubereitungszeit:
30 Minuten, ohne Marinierzeit

Pro Portion:
E: 26 g, F: 18 g, Kh: 4 g
kJ: 1597, kcal: 382

Spieße von Riesengarnelen auf Tomatenconfit

8 Spieße

Zutaten:

2 Pck. (à 200 g) TK-
4-Garnelen-Spieße oder etwa
40 Garnelen (ohne Schale)

Für das Tomatenconfit:
6 EL Speiseöl
3 Zwiebeln
2 kg reife Tomaten
2 Lorbeerblätter
4 Gewürznelken
1 Zimtstange
frisch gemahlener Pfeffer
Salz
Cayennepfeffer
Oregano
Zucker
4 EL Speiseöl
Basilikumblättchen

Zubereitungszeit:
70 Minuten

Insgesamt:
E: 33 g, F: 34 g, Kh: 22 g,
kJ: 2336, kcal: 559

Tipp
Es können ersatzweise auch Tomaten aus der Dose (etwa 3 Dosen) verwendet werden.

1. Die Garnelenspieße oder Garnelen auftauen lassen und vorsichtig trockentupfen.
Die Garnelen auf 8 Holzspieße stecken.

2. Für das Tomatenconfit Öl erhitzen. Zwiebeln abziehen, in Würfel schneiden und in dem Öl andünsten.

3. Tomaten kurze Zeit in kochendes Wasser legen (nicht kochen lassen), in kaltem Wasser abschrecken, enthäuten und die Stängelansätze herausschneiden. Die Tomaten entkernen und in Würfel schneiden. Die Tomatenwürfel kurz mit den Zwiebeln erhitzen.

4. Lorbeerblätter, Nelken, Zimtstange, Pfeffer, Salz, Cayennepfeffer, Oregano und Zucker dazugeben und unterrühren. Die Mischung in eine flache, feuerfeste Form geben. Die Form auf dem Rost in den Backofen schieben.

Ober-/Unterhitze: etwa 200 °C (vorgeheizt)
Heißluft: etwa 180 °C (nicht vorgeheizt)
Gas: Stufe 3–4 (vorgeheizt)
Backzeit: etwa 50 Minuten.

5. Das Tomatenconfit zwischendurch umrühren.

6. Die Garnelen kurz in erhitztem Speiseöl anbraten, salzen, pfeffern und auf das Tomatenconfit geben. Mit Basilikumblättchen anrichten.

Beilage: Weißbrot.

Nudeln mit Tomaten-Muschel-Sauce

1. Für die Sauce Tomaten kurze Zeit in kochendes Wasser legen (nicht kochen lassen), in kaltem Wasser abschrecken, enthäuten, die Stängelansätze herausschneiden, die Tomaten in Stücke schneiden.

2. Muscheln abtropfen lassen, die Flüssigkeit auffangen. Thunfisch abtropfen lassen, etwas zerpflücken.

3. Knoblauchzehen abziehen, fein würfeln. Olivenöl erhitzen, die Knoblauchwürfel darin andünsten, die Tomatenstücke hinzufügen, etwa 5 Minuten mitdünsten lassen. Muscheln, Thunfisch und nach Belieben etwas von der Muschelflüssigkeit unterrühren, miterhitzen. Die Sauce mit Salz und Pfeffer würzen, Petersilie unterrühren.

4. Nudeln in kochendes Salzwasser geben, Speiseöl hinzufügen. Die Nudeln nach Packungsaufschrift garen. Die garen Nudeln auf ein Sieb geben, abtropfen lassen, in eine Schüssel geben, die Tomaten-Muschel-Sauce darüber verteilen.

6–8 Portionen

Zutaten:

Für die Sauce:
250 g Tomaten
130–200 g Muscheln (aus der Dose)
etwa 375 g Thunfisch (aus der Dose)
4 Knoblauchzehen
2 EL Olivenöl
Salz
frisch gemahlener Pfeffer
2–3 EL gehackte glatte Petersilie
400 g Nudeln, z.B. Spiralnudeln
3–4 l kochendes Salzwasser
1 EL Speiseöl

Zubereitungszeit:
25 Minuten

Pro Portion:
E: 23 g, F: 32 g, Kh: 47 g
kJ: 2542, kcal: 607

Etwas teurer

Seeteufel in Tomaten-Vinaigrette

1. Fisch unter fließendem kalten Wasser abspülen, trockentupfen, leicht mit Salz und Zitronensaft würzen.

2. Für die Tomaten-Vinaigrette Tomaten kurze Zeit in kochendes Wasser legen (nicht kochen lassen), in kaltem Wasser abschrecken, enthäuten, Stängelansätze entfernen und Tomaten würfeln. Knoblauch abziehen und fein hacken.

3. Öl erhitzen, Tomaten- und Knoblauchwürfel darin 4 Minuten schmoren lassen. Essig, Salz und Pfeffer unterrühren. Sauce etwas abkühlen lassen.

4. Fisch in 8 Medaillons schneiden und in heißer Fischbrühe 4–5 Minuten ziehen lassen. Die lauwarme Sauce darübergeben.

Tipp

Der Seeteufel ist auch unter dem Namen Lotte bekannt.

Tipp

Dazu passt Reis und kräftiger Weißwein.

Zutaten:

800 g küchenfertiger Seeteufel
Salz
2 EL Zitronensaft

Für die Tomaten-Vinaigrette:
2 Fleischtomaten
2 Knoblauchzehen
150 ml Olivenöl
2–3 EL Sherry-Essig
frisch gemahlener Pfeffer
200 ml Fischbrühe

Zubereitungszeit:

25 Minuten

Pro Portion:

E: 39 g, F: 39 g, Kh: 2 g, kJ: 2294, kcal: 547

Putenröllchen, mit Tomate und Mozzarella gefüllt

1. Kartoffeln schälen, waschen, abspülen und in dünne Scheiben schneiden. Tomaten waschen, Stängelansätze herausschneiden, die Tomate in dünne Scheiben schneiden. Von der gewaschenen Zucchini die Enden abschneiden, ebenfalls in dünne Scheiben schneiden.

2. Kartoffel- und Zucchinischeiben von beiden Seiten in einer Pfanne mit Olivenöl leicht anbraten. Auf einem Küchenpapier abtropfen lassen. Abwechselnd Tomaten,- Zucchini- und Kartoffelscheiben auf einem gefetteten Backblech zu 4 Kreisen legen. Mit Salz und Pfeffer würzen und mit frisch geriebenem Parmesan und etwas Thymian bestreuen, in den Backofen schieben.

Ober-/Unterhitze: etwa 200 °C (vorgeheizt)
Heißluft: etwa 180 °C (vorgeheizt)
Gas: Stufe 3–4 (vorgeheizt)
Backzeit: etwa 10 Minuten.

3. Putenbrust unter fließendem kalten Wasser abspülen, trockentupfen und in 8 dünne Schnitzel schneiden. Mit der flachen Seite eines breiten Messers leicht flach drücken, mit Salz und Pfeffer würzen.

4. Mozzarella in Würfel schneiden, mit den Tomatenwürfeln und dem Basilikum mischen und mit Salz und Pfeffer würzen. Die Füllung jeweils auf den Schnitzeln verteilen und die Schnitzel zu Röllchen rollen. Mit einem Zahnstocher

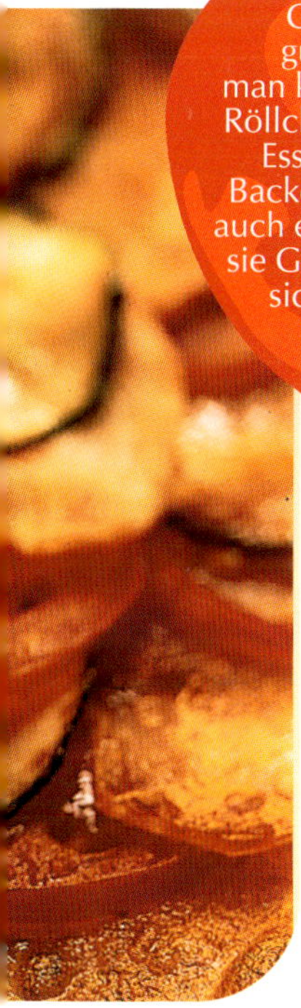

Tipp

Das Gericht lässt sich gut vorbereiten und man kann die angebratenen Röllchen dann kurz vor dem Essen zusammen in den Backofen schieben. So ist es auch ein gutes Gericht, wenn sie Gäste haben und es läßt sich auch problemlos für mehrere Gäste zubereiten.

zusammenstecken, damit die Röllchen sich beim Braten nicht wieder aufrollen. Von außen ebenfalls würzen und zusammen mit einem Rosmarinzweig in erhitztem Öl in einer Pfanne ringsherum anbraten.

5. 10 Minuten bei gleicher Temperatur im Backofen garen, herausnehmen.

6. Bratensatz mit dem Weißwein ablöschen, die Geflügelbrühe dazugeben und die kalte Butter in Stückchen mit dem Pürierstab unterschlagen. Evtl. mit Salz und Pfeffer abschmecken.

7. Die Gemüserosetten auf die Teller legen, Röllchen in der Mitte anrichten und mit Sauce überziehen.

Zutaten:

Für die Gemüserosetten:
4 mittelgroße Kartoffeln
4 kleine Flaschentomaten
1 Zucchini
Olivenöl, Salz
frisch gemahlener Pfeffer
40 g frisch geriebener Parmesan
einige frische Thymianblättchen
500 g Putenbrust

Für Tomate und Mozzarella:
1 Pck. (125 g) Mozzarella
100 g Tomatenwürfel von enthäuteten, entkernten Tomaten
8 Basilikumblätter, fein geschnitten
4 EL Olivenöl
1 kleiner Rosmarinzweig
100 ml Weißwein
125 ml (1/8 l) Geflügelbrühe
50 g kalte Butter

Zubereitungszeit:
65 Minuten

Pro Portion:
E: 44 g, F: 33 g, Kh: 18 g
kJ: 2504, kcal: 598

Für Gäste

Kaninchen in Tomatensauce

1. Kaninchen evtl. von Fett befreien, in 6 Portionsstücke schneiden, abspülen und trockentupfen.

2. Für die Beize Essig mit dem Wasser vermischen. Knoblauchzehe abziehen und grob hacken. Sellerie schälen, waschen und raspeln. Beide Zutaten zusammen mit Gewürzen in die Essigmischung geben und gut verrühren. Fleischstücke hineinlegen, etwa 24 Stunden an einem kühlen Ort stehen lassen, ab und zu wenden.

3. Fleisch herausnehmen, trockentupfen und mit Mehl bestäuben. Butterschmalz erhitzen, die Fleischstücke gut darin anbraten und etwas Tomatensaft hinzugießen. Das Fleisch ab und zu mit dem Bratensatz begießen, verdampfte Flüssigkeit nach und nach durch Tomatensaft und Brühe ersetzen, etwa 1 Stunde schmoren lassen.

4. Das gare Fleisch herausnehmen und warm stellen. Den Bratensatz mit dem restlichen Tomatensaft loskochen. Tomatenmark und stückige Tomaten unterrühren und etwas einkochen lassen.

5. Speck in Würfel schneiden, in Öl braun braten und in die Sauce geben. Knoblauchzehe abziehen, fein hacken und in die Sauce geben.

6. Mit Salz, Pfeffer und Weinbrand abschmecken und über das Kaninchenfleisch geben.

Tipp

Dazu passen Gnocchi (evtl. aus dem Kühlregal), die mit Butter und Salbei in einer Pfanne gebraten werden und ein kräftiger Rotwein.

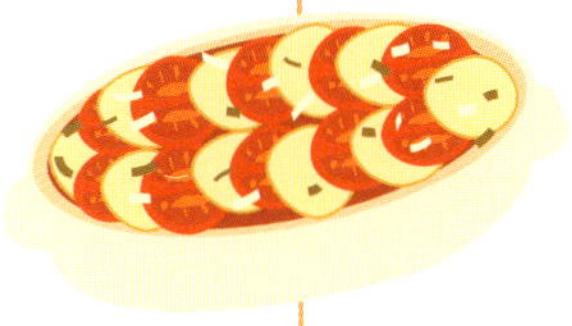

6 Portionen

Zutaten:

1 küchenfertiges Kaninchen (1,5 kg)

Für die Beize:

250 ml ($^{1}/_{4}$ l) Rotweinessig

250 ml ($^{1}/_{4}$ l) Wasser

1 Knoblauchzehe

50 g Knollensellerie

1 EL gerebelter Thymian

2 Lorbeerblätter

Salz

frisch gemahlener Pfeffer

2 EL Weizenmehl

80 g Butterschmalz

125 ml ($^{1}/_{8}$ l) Tomatensaft

125 ml ($^{1}/_{8}$ l) Wildbrühe oder Fleischbrühe

2 EL Tomatenmark

1 Dose (400 g) stückige Tomaten

100 g durchwachsener Speck

3 EL Olivenöl

1 Knoblauchzehe

etwa 4 EL Weinbrand

Zubereitungszeit:

1 $^{1}/_{2}$ Stunden, ohne Marinierzeit

Pro Portion:

E: 45 g, F: 57 g, Kh: 11 g, kJ: 3420, kcal: 816

Dauert länger

Tomaten-Schmorbraten

(6 Portionen, Foto)

1. Für die Marinade Zwiebeln und Knoblauch abziehen, Sellerie und Möhren putzen, schälen, waschen und würfeln. Öl erhitzen und Gemüsewürfel darin andünsten. Kräuterzweige vorsichtig abspülen, trockentupfen, mit Wein zu dem Gemüse geben, zum Kochen bringen, etwa 5 Minuten kochen und erkalten lassen. Rindfleisch kalt abspülen, trockentupfen, in eine Schüssel legen, die Marinade darübergeben, das Fleisch etwa 24 Stunden darin marinieren, zwischendurch wenden.

2. Fleisch aus der Marinade nehmen und trockentupfen. Kräuter aus der Marinade entfernen, Marinade und Gemüse beiseite stellen. Knoblauch abziehen, zerdrücken, Fleisch mit Salz und Pfeffer würzen und Thymianblättchen darauf geben. Öl erhitzen und Fleisch rundherum darin anbraten, Knoblauch darauf verteilen.

3. Sellerie und Möhren putzen, schälen, waschen und würfeln. Zwiebeln abziehen, zum Fleisch geben und andünsten. Die Hälfte der Marinade und das Gemüse aus der Marinade zu dem Fleisch geben, den Topf verschließen, auf dem Rost in den Backofen schieben. Fleisch ab und zu wenden.

4. Nach etwa 90 Minuten nach und nach die restliche Marinade hinzugießen. Fleisch im offenen Topf etwa 45 Minuten weiterschmoren lassen.

5. Tomaten in grobe Würfel schneiden, zu dem Fleisch geben und 10–15 Minuten mitschmoren lassen. Die Gemüsesauce mit Salz, Pfeffer und Zucker abschmecken und getrennt dazu reichen.

Ober-/Unterhitze: etwa 200 °C (vorgeheizt)
Heißluft: etwa 180 °C (nicht vorgeheizt)
Gas: etwa Stufe 4 (vorgeheizt)
Schmorzeit: etwa 2 1/2 Stunden.

Zutaten:

Für die Marinade:
2 Zwiebeln
2 Knoblauchzehen
1 Stück Knollensellerie
1 Möhre
4 EL Olivenöl
1 Thymianzweig
1 Rosmarinzweig
1 Majoranzweig
1 Petersilienzweig
375 ml (3/8 l) Rotwein

1 1/2 kg Rindfleisch
(Schmorfleisch)
3 Knoblauchzehen
Salz
frisch gemahlener Pfeffer
1 TL Thymianblättchen
3 EL Olivenöl

150 g Knollensellerie
250 g Möhren
8 kleine Zwiebeln
500–750 g enthäutete Tomaten
1 Prise Zucker

Zubereitungszeit:

3 Std., ohne Marinierzeit

Pro Portion:

E: 55 g, F: 43 g, Kh: 13 g
kJ: 3105, kcal: 741

Für Kinder

Hackklößchen in Tomatensauce

Aus dem Ofen

Zutaten:

Für die Tomatensauce:
3 mittelgroße Zwiebeln
1 Knoblauchzehe
3 EL Olivenöl
1 Pck. (500 g)
passierte Tomaten
1–2 EL Tomatenmark
Salz
frisch gemahlener Pfeffer
Cayennepfeffer
Zucker

Für die Hackklößchen:
2 mittelgroße Zwiebeln
1–2 Knoblauchzehen
1 Ei (Größe M)
500 g Rinderhackfleisch
Paprika edelsüß
einige Spritzer Tabasco
1 TL gerebelter Majoran
2 EL Butter oder 4 EL Olivenöl

Zubereitungszeit:
50 Minuten

Pro Portion:
E: 29 g, F: 32 g, Kh: 13 g
kJ: 2060, kcal: 492

1. Für die Sauce die Zwiebeln und den Knoblauch abziehen, halbieren und in Scheiben schneiden, langsam etwa 5 Minuten in Olivenöl dünsten, dann die passierten Tomaten und das Tomatenmark hinzugeben, mit Salz, Pfeffer, Cayennepfeffer und Zucker würzen, etwa 10 Minuten kochen lassen, in eine flache Auflaufform geben.

2. Für die Hackklößchen die Zwiebeln und den Knoblauch abziehen. Die Zwiebeln fein hacken, den Knoblauch durchpressen, mit dem Ei zur Hackfleischmasse geben, vermengen, mit Salz, Pfeffer, Cayennepfeffer, Paprika, Tabasco, Majoran kräftig abschmecken, kleine Bällchen formen, in Butter oder Öl von allen Seiten braun braten, auf Küchenpapier abtropfen lassen. Die Hackklößchen in die Sauce legen. Die Form auf dem Rost in den Backofen schieben.

Ober-/Unterhitze: etwa 180 °C (vorgeheizt)
Heißluft: etwa 160 °C (vorgeheizt)
Gas: etwa Stufe 3 (vorgeheizt)
Backzeit: 15–20 Minuten.

Beigabe: Reis oder Nudeln und Salat.

Raffiniert – schnell

Gebackene Tomaten mit Käseschaum

Zutaten:
8 mittelgroße Tomaten
125 ml (1/8 l) Milch
100 g Blauschimmelkäse
2 TL Speisestärke
2 EL Wasser
2 Eigelb (Größe M)
2 Eiweiß (Größe M)
Salz
frisch gemahlener Pfeffer
1 EL gehackte Estragonblättchen

Zubereitungszeit:
30 Minuten

Pro Portion:
E: 11 g, F: 11 g, Kh: 7 g, kJ: 771, kcal: 184

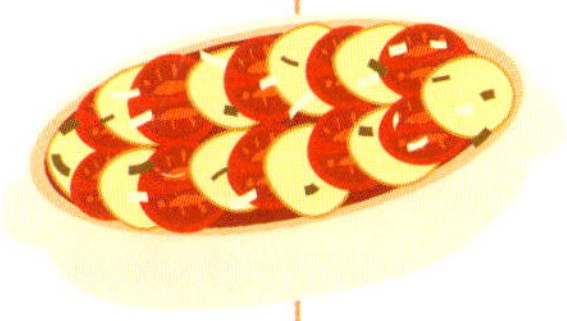

1. Tomaten waschen und abtupfen. Jeweils einen Deckel abschneiden, das Innere aushöhlen und Tomaten umgekehrt abtropfen lassen.

2. Milch erhitzen, Käse zerdrücken, hineingeben und verrühren, bis der Käse aufgelöst ist. Speisestärke mit Wasser anrühren, Käsemilch damit binden und etwas abkühlen lassen.

3. Eigelb verschlagen und unterrühren. Eiweiß steif schlagen (der Eischnee muss so fest sein, dass ein Messerschnitt sichtbar bleibt) und unter die Käse-Milch-Masse heben. Mit Salz und Pfeffer würzen und die Estragonblättchen unterrühren.

4. Die Masse in die Tomaten füllen und die Deckel darauf legen. Tomaten in eine gefettete, feuerfeste, flache Form setzen und die Form auf dem Rost in den Backofen schieben.

Ober-/Unterhitze: etwa 220 °C (vorgeheizt)
Heißluft: etwa 200 °C (vorgeheizt)
Gas: etwa Stufe 4 (vorgeheizt)
Backzeit: etwa 15 Minuten.

Beilage: Vollkornbrot

Tipp

Statt mit Blauschimmelkäse schmecken die Tomaten auch sehr gut mit Blattspinat gefüllt. Dann statt des Käses 400 g aufgetauten Blattspinat in die Sauce geben und mit abgezogenem, durchgepresstem Knoblauch abschmecken. (Evtl. den Spinat etwas zerkleinern und gut ausdrücken.)

Schnell – preiswert

Knoblauchtoast mit Tomaten und Mozzarella

Aus dem Ofen

Zutaten:
4 Knoblauchzehen
4–6 EL Olivenöl
8 Scheiben Baguette
4 Tomaten
125 g Mozzarella
2 EL geschnittene Basilikumblättchen
grober, bunter Pfeffer

Zubereitungszeit:
20 Minuten

Pro Portion:
E: 12 g, F: 19 g, Kh: 37 g, kJ: 1633, kcal: 391

1. Knoblauchzehen abziehen, durch eine Presse drücken, mit Öl verrühren und auf die Baguettescheiben träufeln.

2. Die Baguettescheiben auf ein Backblech legen. Tomaten waschen, trockentupfen, Stängelansätze herausschneiden und Tomaten in Scheiben schneiden. Mozzarella in Scheiben schneiden und mit den Tomaten abwechselnd auf die Baguettescheiben geben.

Ober-/Unterhitze: etwa 200 °C (vorgeheizt)
Heißluft: etwa 180 °C (vorgeheizt)
Gas: Stufe 3–4 (vorgeheizt)
Backzeit: etwa 10 Minuten.

3. Toast auf Tellern anrichten, mit Basilikumblättchen und Pfeffer würzen.

Schnell

Grilltomaten

Zutaten:
4 mittelgroße Tomaten (à 150 g)
Salz
frisch gemahlener schwarzer Pfeffer
1 Knoblauchzehe
2 EL Olivenöl
2 Zweige Thymian
10 Basilikumblättchen

Zubereitungszeit:
25 Minuten

Pro Portion:
E: 2 g, F: 6 g, Kh: 5 g, kJ: 361, kcal: 87

1. Tomaten waschen, abtrocknen, an der runden Seite kreuzförmig einritzen, mit Salz und Pfeffer bestreuen.

2. Knoblauch abziehen, zerdrücken und mit Öl verrühren.

3. Kräuter abspülen und trockentupfen. Thymianblättchen abzupfen, mit Basilikumblättchen fein hacken und mit dem Knoblauchöl verrühren.

4. Den Grillrost mit Alufolie bespannen, die Tomaten mit Knoblauch-Kräuter-Öl bestreichen, auf den heißen Grillrost setzen oder die Tomaten in eine gefettete feuerfeste Form setzen. Nach 5 Minuten Grillzeit erneut bestreichen und nochmals 5 Minuten weitergrillen.

Tipp
Schmeckt toll zu gegrilltem Lammfleisch.

Raffiniert

Überbackene Basilikumtomaten

1. Fleischtomaten waschen und abtrocknen, Stängelansätze herausschneiden, jeweils einen Deckel abschneiden. Die Tomaten mit einem Teelöffel aushöhlen, innen mit Salz und Pfeffer bestreuen, beiseite stellen.

2. Toastbrot toasten. Basilikum abspülen, trockentupfen, Blättchen von den Stängeln zupfen, in Streifen schneiden.

3. Olivenöl in eine Schüssel geben, mit der Hälfte des Tomateninneren pürieren. Knoblauchzehe abziehen, fein hacken, dazugeben.

4. Das Brot in kleine Würfel schneiden, mit den pürierten Tomaten und dem Basilikum mischen, mit Salz und Pfeffer abschmecken.

5. Schafskäse in Würfel schneiden, mit der Tomaten-Brot-Masse in in die ausgehöhlten Tomaten füllen. In eine gefettete Auflaufform setzen, den Rest der Tomatenmasse hinzufügen, die Form auf dem Rost in den Backofen schieben.

Ober-/Unterhitze:
180-200 °C (vorgeheizt)
Heißluft: 160–180 °C (vorgeheizt)
Gas: Stufe 3–4 (vorgeheizt)
Backzeit: etwa 20 Minuten.

Zutaten:

8 Fleischtomaten
(je etwa 180 g)
Salz
frisch gemahlener
Pfeffer
6 Scheiben
Vollkorn-Toastbrot
2 Töpfe Basilikum
4 EL Olivenöl
1 Knoblauchzehe
200 g Schafskäse

Zubereitungszeit:
etwa 45 Minuten

Pro Portion:
E: 17 g, F: 25 g, Kh: 43 g
kJ: 2044, kcal: 489

Tipp

Dazu Risi-Bisi oder Reis servieren.

Fleischtomaten mit Sahne-Spaghetti

Zutaten:

4 große Fleischtomaten
Salz
frisch gemahlener Pfeffer
1 EL getrocknete Salatkräuter
50 g Spaghetti
100 g gekochter Schinken
3 Eier (Größe M)
100 ml Schlagsahne
25 g Speisestärke
100 g geraspelter Käse

Zubereitungszeit:
50 Minuten

Pro Portion:
E: 22 g, F: 24 g, Kh: 79 g
kJ: 1677, kcal: 401

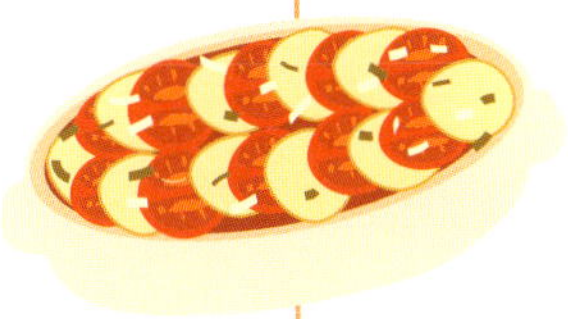

1. Fleischtomaten waschen und trockentupfen. Von den Tomaten einen Deckel abschneiden, die Tomaten aushöhlen, das Tomatenfruchtfleisch mit Salz und Pfeffer würzen und die Salat-Kräuter unterrühren. Das Tomatenfruchtfleisch in eine flache Auflaufform geben, die ausgehöhlten Tomaten darauf setzen und innen mit Salz und Pfeffer bestreuen.

2. Spaghetti in kleine Stücke brechen, nach Packungsanleitung nicht zu weich kochen und auf ein Sieb geben. Den Schinken in Würfel schneiden.

3. Die Eier mit der Sahne und Speisestärke verrühren und Schinken und Spaghetti unterheben. Die Masse in die Tomaten geben und Käse darüber streuen. Die Tomatendeckel mit in die Form legen.

4. Die Form auf dem Rost in den Backofen schieben.

Ober-/Unterhitze: etwa 180 °C (vorgeheizt)
Heißluft: etwa 160 °C (vorgeheizt)
Gas: etwa Stufe 3 (vorgeheizt)
Backzeit: etwa 25 Minuten.

Tipp

Dazu frische Blattsalate servieren.

Tipp

Zusätzlich noch in Würfel geschnittene Champignons unter die Eier-Sahne geben.

Tomaten-Lasagne

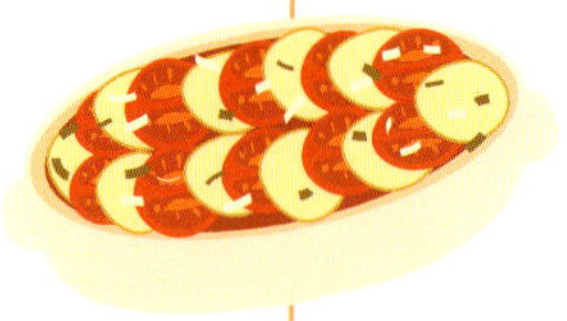

Zutaten:
2 Pck. Tomatensauce für je 250 ml (1/4 l) Wasser
8 mittelgroße Tomaten
250 g Mozzarella
etwa 200 g Lasagneblätter (ohne Vorkochen)
Salz
frisch gemahlener Pfeffer
Oregano
100 g Gratinkäse, gerieben
1 Topf Basilikum

Zubereitungszeit:
45 Minuten

Pro Portion:
E: 28 g, F: 25 g, Kh: 44 g
kJ: 2287, kcal: 547

1. Tomatensauce nach Packungsanleitung zubereiten. Tomaten waschen, die Stängelansätze herausschneiden. Tomaten und Mozzarella in Scheiben schneiden.

2. Ein Drittel der Lasagneblätter in eine flache Auflaufform legen, ein Drittel der Tomatensauce darauf verteilen. Ein Drittel der Tomatenscheiben darauflegen, mit Salz, Pfeffer und Oregano bestreuen. Ein Drittel der Mozzarellascheiben auf die Tomaten legen, mit den Gewürzen bestreuen.

3. Diesen Vorgang noch zweimal wiederholen, d.h. Lasagnescheiben, Tomatensauce, Tomatenscheiben, Gewürze, Mozzarellascheiben und Gewürze einschichten. Die oberste Schicht sollten Mozzarellascheiben sein. Den Gratinkäse darauf streuen. Die Form auf dem Rost in den Backofen schieben.

Ober-/Unterhitze: etwa 180 °C (vorgeheizt)
Heißluft: etwa 160 °C (vorgeheizt)
Gas: Stufe 2–3 (vorgeheizt)
Backzeit: etwa 25 Minuten.

4. Die Basilkumblätter von den Stängeln zupfen, abspülen, trockentupfen, in Streifen schneiden. Die fertige Lasagne damit bestreuen.

Beilage: Grüne Blattsalate mit einer Weinessig-Olivenöl-Vinaigrette.

Gut vorzubereiten

Gebackener Sommer

Aus dem Ofen

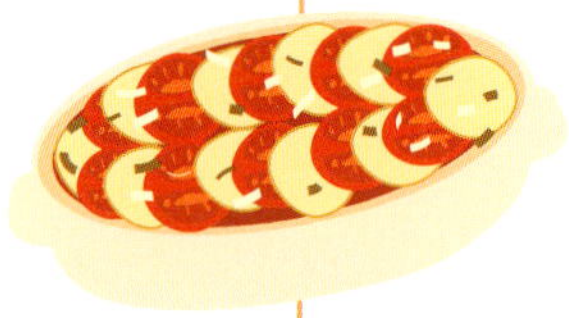

Zutaten:

150 g Bacon (Frühstücksspeck)
600 g Kartoffeln
500 g Blattspinat
Salz
frisch gemahlener Pfeffer
frisch geriebene Muskatnuss
3 Knoblauchzehen
500 g Tomaten
1 kleine Gemüsezwiebel
200 g Schafskäse
5 EL Olivenöl

Zubereitungszeit:
75 Minuten

Pro Portion:
E: 21 g, F: 50 g, Kh: 31 g
kJ: 2875, kcal: 687

Tipp
Wer das Gericht vegetarisch möchte, lässt den Speck weg. Es kann auch TK-Spinat verwendet werden.

1. Frühstücksspeck halbieren, eine feuerfeste flache Auflaufform damit auslegen.

2. Kartoffeln waschen, schälen, abspülen, in dünne Scheiben schneiden und auf dem Speck verteilen. Die Form auf dem Rost in den Backofen schieben.

Ober-/Unterhitze: etwa 200 °C (vorgeheizt)
Heißluft: etwa 180 °C (vorgeheizt)
Gas: etwa Stufe 3 (vorgeheizt)
Backzeit: etwa 20 Minuten.

3. Spinat verlesen, waschen, abtropfen lassen, in Salzwasser blanchieren und gut abtropfen lassen.

4. Die Form aus dem Backofen nehmen, die Kartoffeln mit Salz und Pfeffer bestreuen, den Spinat darauf verteilen und mit Salz, Pfeffer und Muskatnuss würzen. Knoblauchzehen abziehen, durch die Presse drücken und auf dem Spinat verteilen.

5. Tomaten waschen, Stängelansätze herausschneiden und die Tomaten in Scheiben schneiden.

6. Gemüsezwiebel abziehen, halbieren und in feine Scheiben schneiden. Zuerst die Zwiebelscheiben auf den Spinat legen, dann die Tomaten schuppenförmig darauf verteilen.

7. Den Schafskäse zerbröckeln und darüber streuen. Das Olivenöl darüber verteilen.

8. Die Form wieder in den Backofen stellen und bei gleicher Temperatureinstellung noch 25 Minuten garen.

Raffiniert

Tomaten-Mozzarella-Tarte

1. Für den Teig Mehl in eine Rührschüssel sieben, Butter in kleine Stücke schneiden, mit der sauren Sahne, Salz und Wasser zu dem Mehl geben.

2. Alles zu einem Teig verarbeiten, in Frischhaltefolie gewickelt 30 Minuten kalt legen.

3. Für den Belag Zucchini waschen, abtrocknen, Enden abschneiden und Zucchini grob reiben, in erhitztem Öl anbraten. Abgezogene, durchgepresste Knoblauchzehe, Salz und Pfeffer hinzufügen.

4. Tomaten waschen, Stängelansätze herausschneiden und Tomaten in 1/2 cm dicke Scheiben schneiden. Mozzarella abtropfen lassen und in Scheiben schneiden.

5. Knapp die Hälfte des Teiges rund ausrollen (etwa Ø 30 cm) und ein Gitter mit Hilfe einer Gitterstanze herstellen oder aus einem Quadrat Streifen ausrädeln.

6. Die Reste des Teiges mit dem anderen Teig verkneten, aus 2/3 des Teiges einen Boden (Ø 30 cm) ausrollen, in eine gefettete Tarteform (Ø 30 cm) legen und auf dem Rost in den Backofen schieben und vorbacken.

Ober-/Unterhitze: etwa 180 °C (vorgeheizt)
Heißluft: etwa 160 °C (vorgeheizt)
Gas: Stufe 3–4 (vorgeheizt)
Backzeit: 10 Minuten.

7. Form herausnehmen und etwas abkühlen lassen. Aus dem Rest des Teiges eine Rolle formen, sie rund um den Boden legen und den Rand hochdrücken.

8. Die Zucchinimasse auf dem vorgebackenen Boden verteilen. Dann die Tomatenscheiben und Mozzarellascheiben schuppenförmig darauf verteilen. Mit Salz, Pfeffer und Oregano würzen.

9. Das Gitter darauflegen und etwas andrücken, mit dem verschlagenen Eigelb bestreichen. Die Form auf dem Rost in den Backofen schieben und bei gleicher Temperatureinstellung noch 25 Minuten backen.

Tipp

Wer keine Gitterstanze hat, kann auch die Oberfläche ganz mit dem Boden bedecken und etwa 10 kleine Löcher (Ø 1 cm) in den Teig schneiden, damit der Dampf entweichen kann.

Zutaten:

Für den Teig:
300 g Weizenmehl
150 g kalte Butter
1 Becher (150 g) saure Sahne
1 gestr. TL Salz
2 EL kaltes Wasser

Für den Belag:
250 g Zucchini
3 EL Olivenöl
1 Knoblauchzehe
Salz
frisch gemahlener Pfeffer
5 mittelgroße Tomaten
250 g Mozzarella
Oregano

1 Eigelb (Größe M) zum Bestreichen

Zubereitungszeit:
65 Minuten

Pro Portion:
E: 24 g, F: 58 g, Kh: 61 g
kJ: 3781, kcal: 904

Einfach

Tomatenpizza

1. Pizzateig nach Anleitung auf der Packung zubereiten, auf einem gefetteten Backblech (30 x 40 cm) ausrollen. Die Sauce aus der Grundteigmischung nach Packungsanleitung zubereiten, darauf streichen.

2. Cocktailtomaten waschen, abtrocknen, die Stängelansätze entfernen. Die Tomaten halbieren, mit der Schnittfläche nach oben auf dem Pizzaboden verteilen, mit Pfeffer bestreuen.

3. Salamischeiben halbieren oder vierteln, zwischen die Tomatenhälften legen. Gouda grob reiben, darüber streuen. Mozzarella würfeln, ebenfalls auf der Pizza verteilen. Mit Majoran- und Basilikumblättchen bestreuen, mit Olivenöl beträufeln. Das Backblech in den Backofen schieben.

Ober-/Unterhitze: 200-220 °C (vorgeheizt)
Heißluft: 180-200 °C (vorgeheizt)
Gas: Stufe 4–5 (vorgeheizt)
Backzeit: etwa 20 Minuten.

Tipp

Statt der Pizzamischung einen salzigen Hefeteig aus 250 g Weizenmehl, 1 Pck. Trockenhefe, 1 TL Zucker, 1/2 TL Salz, 4 EL Speiseöl, knapp 200 ml lauwarmem Wasser zubereiten und Tomatenstücke aus der Dose darauf verteilen.

Zutaten:

1 Packung (250 g) Grundteigmischung italienischer Pizzateig
500 g Cocktailtomaten
frisch gemahlener Pfeffer
75 g Salamischeiben
100 g Gouda-Käse
1 Pck. (125 g) Mozzarella
1 EL gehackte Majoranblättchen
1 EL gehackte Basilikumblättchen
2 EL Olivenöl

Zubereitungszeit:

45 Minuten

Pro Portion:

E: 26 g, F: 27 g, Kh: 47 g
kJ: 2328, kcal: 557

Tomaten-Blätterteig-Schnitten

Zutaten:
1 Pck. (450 g) 6 längliche Blätterteigscheiben
1 Ei (Größe M)
1 EL Sesamsamen
1 Becher (250 g) Crème fraîche
1 Knoblauchzehe
Salz
frisch gemahlener Pfeffer
gerebelter Oregano
1 Topf Basilikum
8–10 Tomaten

Zubereitungszeit:
45 Minuten

Pro Portion:
E: 11 g, F: 54 g, Kh: 45 g
kJ: 3004, kcal: 719

Tipp
Die Blätterteigschnitten vorbereiten und erst kurz vor dem Servieren ab backen.

1. Blätterteigscheiben nebeneinander zugedeckt bei Zimmertemperatur auftauen lassen.

2. 4 Scheiben Blätterteig auf ein gefettetes Backblech legen, mit verschlagenem Ei bestreichen. Aus den übrigen 2 Scheiben 16 längliche Streifen schneiden. Je 2 Streifen umeinander schlingen (wie für Käsestangen), dabei etwas länger ziehen, so dass die Streifen jeweils um eine kurze und eine lange Seite gelegt werden können.

3. Die Ränder ebenfalls mit verschlagenem Ei bestreichen, mit Sesam bestreuen. Crème fraîche mit abgezogenem, durchgepresstem Knoblauch, Salz, Pfeffer und Oregano würzen. Die Hälfte der abgespülten, trockengetupften Basilikumblättchen in Streifen schneiden und unterheben.

4. Die Masse auf die 4 Schnitten verteilen, das Backblech in den Backofen schieben.

Ober-/Unterhitze: 200–220 °C (vorgeheizt)
Heißluft: 180–200 °C (vorgeheizt)
Gas: Stufe 4–5 (vorgeheizt)
Backzeit: 10–15 Minuten.

5. Die Tomaten abspülen, trockentupfen, Stängelansätze herausschneiden, die Tomaten je nach Größe vierteln oder achteln. Mit der Hautseite nach unten auf den Blätterteigschnitten verteilen.

6. Das Backblech wieder in den Backofen schieben, bei gleicher Temperatur etwa 10 Minuten backen, bis die Spitzen etwas Farbe angenommen haben.

7. Die Schnitten auf einer Platte anrichten, mit Salz und Pfeffer bestreuen, mit den restlichen Basilikumblättchen garnieren.

Ketchup, Mark & Relish

Gut vorzubereiten

Tomatenmark, eingekocht

Zutaten:

etwa 5 kg reife Tomaten
(für 4 Gläser von je 1/2 l Inhalt)

Zubereitungszeit:

2 Stunden

Insgesamt:

E: 48 g, F: 10 g, Kh: 133 g,
kJ: 3700, kcal: 900

1. Tomaten waschen, Stängelansätze herausschneiden, Tomaten in kleine Stücke schneiden, etwas zerdrücken, in einem großen Topf unter Rühren zum Kochen bringen und etwas einkochen lassen.

2. Tomatenmasse durch ein Sieb streichen und in gründlich gereinigte und gespülte Gläser mit Twist-off-Deckeln füllen. Gläser auf den Spezialeinsatz in den Einkochtopf stellen. Den Topf mit so viel heißem Wasser füllen, dass die Gläser bis zu 3/4 ihrer Höhe davon umgeben sind.

3. Das Mark 30 Minuten bei 98 °C einkochen.

Tipp

Gutes Gelingen beim Einkochen hängt ab von der Verwendung einwandfreier Zutaten und Sauberkeit bei der Zubereitung.

Tomaten-Paprika-Ketchup

Zutaten:

1 kg Fleischtomaten
8 mittelgroße Zwiebeln
100 g Knollensellerie
250 g rote Paprikaschoten
250 g grüne Paprikaschoten
100 g brauner Zucker
1 EL Salz
1 TL Paprika edelsüß
1 TL Cayennepfeffer
1 TL frisch gemahlener, schwarzer Pfeffer
125 ml (1/8 l) Weinessig
2 Msp. Einmach-Hilfe

Zubereitungszeit:
80 Minuten

Insgesamt:
E: 21 g, F: 5 g, Kh: 167 g, kJ: 3463, kcal: 828

1. Fleischtomaten waschen, Stängelansätze herausschneiden.
2. Zwiebeln abziehen. Sellerie putzen, schälen und waschen.
3. Paprika halbieren, entstielen, entkernen und die weißen Scheidewände entfernen. Schoten waschen.
4. Das Gemüse in Stücke schneiden, in einen Kochtopf geben, mit Zucker, Salz, Paprika, Cayennepfeffer, Pfeffer und Essig etwa 45 Minuten dünsten lassen und dann durch ein Sieb streichen.
5. Die Masse nochmals so lange kochen lassen, bis sie dicklich ist, mit den Gewürzen abschmecken. Einmach-Hilfe unterrühren.
6. Das Ketchup sofort in gründlich gereinigte und gespülte Gläser oder Flaschen füllen und mit Twist-off-Deckeln verschließen. 5 Minuten auf den Deckeln stehen lassen.

Tipp

Es sollten möglichst kleine Gläser verwendet werden, da das Ketchup, wenn es geöffnet ist, sich im Kühlschrank nur etwa 1 Woche hält. Wenn Sie das Ketchup nur kurzfristig aufbewahren wollen, können Sie es auch in Flaschen mit Korkdeckeln füllen.

Gut vorzubereiten

Tomaten-Paprika-Relish

1. Tomaten kurze Zeit in kochendes Wasser legen (nicht kochen lassen), in kaltem Wasser abschrecken, enthäuten und die Stängelansätze entfernen. Paprika halbieren, entstielen, entkernen, die weißen Scheidewände entfernen und Schoten waschen. Zwiebeln abziehen. Das Gemüse grob zerkleinern, in einen Topf geben.

2. Mit Extra Gelier Zucker, Salz, Ingwerpulver, Cayennepfeffer, Nelkenpulver, Paprika edelsüß, Pfefferkörnern und Essig 30–45 Minuten dünsten lassen.

3. Portionsweise im Mixer kurz pürieren, nochmals zum Kochen bringen. Relish in gründlich gereinigte und gespülte Gläser mit Twist-off-Deckeln füllen und sofort verschließen. 5 Minuten auf den Deckeln stehen lassen.

Tipp

Sie können auch einen Teil der Masse stückig lassen.

Zutaten:

250 g Tomaten (vorbereitet gewogen)
je 250 g rote und grüne Paprikaschoten (vorbereitet gewogen)
125 g Zwiebeln (vorbereitet gewogen)
1/2 Pck. (250 g) Extra Gelier Zucker
Salz
1 Msp. Ingwerpulver
1 TL Cayennepfeffer
1 Msp. Nelkenpulver
1 TL Paprika edelsüß
10 Pfefferkörner
125 ml (1/8 l) Rotweinessig

Zubereitungszeit:

60 Minuten

Insgesamt:

E: 11 g, F: 3 g, Kh: 283 g, kJ: 5087, kcal: 1214

Preiswert – mit Alkohol

Tomatenrelish mit Basilikum

Zutaten:

700 g Tomaten
(vorbereitet gewogen)
1 Bund Basilikum
175 ml Rotweinessig
50 ml Rotwein
Currypulver
Paprika edelsüß
Salz
1 TL zerdrückter, eingelegter
grüner Pfeffer
1/2 Pck. (250 g)
Extra Gelier Zucker

Zubereitungszeit:

35 Minuten

Insgesamt:

E: 9 g, F: 2 g, Kh: 270 g,
kJ: 5119, kcal: 1210

1. Tomaten kurze Zeit in kochendes Wasser legen (nicht kochen lassen), in kaltem Wasser abschrecken, enthäuten, Stängelansätze entfernen, Tomaten fein würfeln.

2. Basilikum abspülen, trockentupfen, die Blättchen hacken.

3. Alle Zutaten außer dem Basilikum in einen Kochtopf geben, unter Rühren zum Kochen bringen, etwa 10 Minuten kochen lassen. Ab und zu durchrühren, zuletzt Basilikum unterrühren.

4. Das Kochgut sofort randvoll in gründlich gereinigte und gespülte Gläser füllen und mit Twist-off-Deckeln verschließen. 5 Minuten auf den Deckeln stehen lassen.

Tipp

Nach Belieben 1–2 Knoblauchzehen abziehen, zerdrücken und dem Relish hinzufügen.

Tomaten in Essig

1. Tomaten gründlich waschen, abtrocknen, jede Tomate 15–20-mal mit einem Holzspießchen einstechen und in gründlich gereinigte und gespülte Gläser füllen.

2. Für die Essiglösung Schalotten oder Zwiebeln abziehen und in Ringe schneiden. Mit Essig, Wasser, Salz, Zucker, Gewürznelken, Pfefferkörnern und Senfkörnern zum Kochen bringen, 2 Minuten kochen lassen, von der Kochstelle nehmen. Einmach-Hilfe unterrühren und Essiglösung über die Tomaten gießen, bis die Gläser randvoll sind.

3. Die Gläser mit Twist-off-Deckeln verschließen.

Tipp

Passt gut zu gegrilltem Fleisch, z. B. Lamm, und zu Fladenbrot. Es können zusätzlich auch Dill- und Basilikumzweige mit in das Glas gegeben werden oder rote Chilischoten.

Tipp

Die Tomaten halten sich 4–6 Wochen im Kühlschrank.

Zutaten:

2 kg kleine, reife, feste Tomaten

Für die Essiglösung:
4 Schalotten oder kleine Zwiebeln
1,5 l Weinessig
250 ml (1/4 l) Wasser
30 g Salz
150 g Zucker
4 Gewürznelken
20 g Pfefferkörner
20 g Senfkörner
1 Pck. Einmach-Hilfe

Zubereitungszeit:
30 Minuten

Insgesamt:
E: 29 g, F: 6 g, Kh: 119 g, kJ: 3373, kcal: 812

Kapitelregister

Tomatengerichte

Aus dem Ofen

Ketchup, Mark & Relish

Alphabetisches Register

Umwelthinweis Dieses Buch und der Einband wurden auf chlorfrei gebleichtem Papier gedruckt. Die Einschrumpffolie – zum Schutz vor Verschmutzung – ist aus umweltverträglichem und recyclingfähigem PE- Material.

Hinweise zu den Rezepten Die Rezepte sind – wenn nicht anders angegeben – für 4 Personen berechnet. Wenn Sie Anregungen, Vorschläge oder Fragen zu unseren Büchern haben, rufen Sie uns unter folgender Nummer an (0521) 52 06 50 oder schreiben Sie uns. Wir antworten umgehend:
Ceres Verlag, Rudolf August Oetker KG, Redaktion,
Am Bach 11, 33602 Bielefeld

Redaktion Carola Reich

Fotos
Titelfoto Brigitte Wegner, Bielefeld

Innenfotos Ulli Hartmann, Bielefeld
Thomas Diercks, Hamburg
Ulrich Kopp, Füssen
Bernd Lippert, Bielefeld
Herbert Maass, Hamburg
Christiane Pries, Borgholzhausen
Norbert Toelle, Bielefeld
Brigitte Wegner, Bielefeld

Rezeptentwicklung und -beratung Heide Hagendorf, Bad Rothenfelde
Mechthild Plogmaker, Bielefeld

Grafisches Konzept Parzhuber & Partner, München
Gestaltung Parzhuber & Partner, München
Titelgestaltung Parzhuber & Partner, München

Reproduktionen Fotolito Longo, I-Bozen

Druck und Bindung EGEDSA, E-Sabadell

ISBN 3-7670-0487-9